旅鉄BOOKS

# 秘境駅の謎

なぜそこに駅がある!?

「旅と鉄道」編集部 編



天夢人
Temjin

# 秘境駅へおいでよ

鉄道趣味の極めつき、秘境駅探訪。
秘境駅の生みの親、牛山隆信が指南する駅訪問には、
自分を「発見」するぜいたくな時間が待っている。

## 秘境駅へ旅立つこと

私は「秘境駅訪問家」です。人家の少ない山奥や原野にあり、誰も乗降しないような小さな駅を専門的に訪れる旅人です。もちろん自称ですが、恐らく一昔前なら〝風来坊〟と呼ばれ、あてもなく彷徨《さまよ》う旅人を蔑《さげす》んだ意味をこめて指したことでしょう。しかし、大き

く異なる点がひとつ。〝何もない駅へ行く〟という、極めて明確な目的意識があることです。旅を観光目的とする多勢からすると、何とも理解し難い行為でしょう。けれども、その土地の飾らない〝素の風景〟に出会えるのです。過去の繁栄も人々の記憶から消え去り、手つかずゆえ、さまざまなものが自然なかたちで残っています。若かりしころに見た日常風景も、失われてしまえば二度と返ってはきません。そんな記憶の片隅に出会える場所が、まさに〝秘境駅〟なのです。

文

**牛山隆信**
うしやま・たかのぶ
1967年、東京都生まれ。鉄道趣味の新ジャンル・秘境駅探訪を開拓したパイオニア。これまで訪れた駅は500駅。会社員として勤務するかたわら全国の鉄道駅を周遊。人里離れた辺地に立地する駅に魅せられて取材を重ねていく。HP「秘境駅へ行こう！」は1999年から現在までの秘境駅探訪の軌跡がつづられている。現在は広島県に在住。

これまで、『秘境駅へ行こう！』『もっと秘境駅へ行こう！』（小学館文庫）、写真集『秘境駅』シリーズⅠ～Ⅲ（共著・栗原景／メディアファクトリー）など秘境駅本を数々上梓。

# Contents

Hikyou Eki no Nazo

本書は『『旅と鉄道』(天夢人発行) の2012年11月号「自分時間を楽しむ　秘境駅へ」、2014年9月号「秘境鉄道、秘境駅」、2015年9月号「秘境駅へ　秘境駅・未成線」、2017年9月号「夏の秘境駅」より抜粋し、再編集したものです。一部写真ならびに文章において、現在と景観や状況が経年変化している駅、スポットがありますのでご留意ください。

# 秘境駅の先の絶景へ

秘境鉄道・秘境駅には、心惹きつけられる魅力がある。
それは夜行列車や終着駅とは、異なるロマンチシズムだ。
なぜ、鉄道は深い渓谷に分け入るのか、
なぜ、渺々とした荒野に駅がつくねんとたたずむのか……。
秘境鉄道に乗り、秘境駅に降り立とう！
そこで感じるのは、鉄道と人間の長い歴史と息づかいである。

厚岸〜糸魚沢間の湿地越えルートを行く根室本線のキハ54形500番台（撮影／牧野和人）

# JR根室本線

## 厚岸《あっけし》〜糸魚沢《いといざわ》

根室本線は厚岸を過ぎると、広大な湿原へと走りだす。ラムサール条約に登録された厚岸湖・別寒辺牛《べかんべうし》湿原の、大自然を左右の車窓に楽しみながら、北海道らしい景色の中へと、キハ54形が運んでくれる。

高森山の山腹を行くキハ54形の単行列車。遠くに見える海は宇和海だ（撮影／松尾諭）

# JR予讃線

## 立間《たちま》〜下宇和《しもうわ》

山々が海に近い場所まで
迫る四国沿岸部。
折り重なる段々畑に曲折する道路。
それらをときに見下ろし、
ときに見上げながら
いくつもの峠を越え、列車は走る。

# 大井川鐵道井川線

## 奥大井湖上駅

アプトいちしろまでは標準レール。そこからは、長島ダムまでアプト式のラックレールで、大井川にそって登っていく。1990（平成2）年に、ダム建設により敷設された新たなルートは、長大な橋で湖上の高みを一直線に山中へ進む。

奥大井レインボーブリッジと奥大井湖上駅。写真のレインボーブリッジ展望所からのトレインビューは井川線沿線のハイライトだ（撮影／牧野和人）

この区間にある坂の上トンネル（2886m）が、九州東西の分水嶺だ（撮影／牧野和人）

# JR 豊肥本線

## 宮地〜波野

阿蘇の外輪山、
そしてカルデラを行く豊肥本線。
いくつもの大カーブ、トンネル、
スイッチバックを経て、
山深い九州の東西を横断する
重要路線だ。
今日も人々の営みをつないで、
列車は秘境を走る。

# 秘境駅へ！

誰もいない、何もない駅が
「秘境駅」と名づけられ、
スポットライトを浴びている。
なぜ、旅人は秘境駅をめざすのか……。
その理由と魅力を掘り下げてみた。

旅人は小さな冒険、心の旅を求めて
自然に埋もれた秘境駅へ向かう。
濃く深い「鉄道時間」を探して……。

撮影／坪内政美

旅人は小さな冒険、心の旅を求めて
自然に埋もれた秘境駅へ向かう。
濃く深い「鉄道時間」を探して……。

# 秘境駅は生きている

あたりに自然以外、何もない「秘境駅」を楽しむことをブームにまで押し上げた、秘境駅訪問家・牛山隆信。秘境駅ブームの火つけ役の目に、今の「秘境駅」はどのように見えているのか。まるで呼吸をするように目まぐるしく変わる、小さな駅の数々をとりまく情勢を、牛山隆信が語る。

文 牛山隆信

## 連日満員になった「秘境駅」

近年になって「秘境駅」という鉄道趣味のジャンルが多くの人々に認知されてきた。鉄道ファンのみならず、とくに鉄道に関心のない旅行者や、ドライブがてら立ち寄ったという通りすがりの人々までに及んでいる。いままで「秘境駅」の魅力を紹介して来た私にとって、当初はモノ笑いの種にされるような、ひいては通報されかねないレベルの奇怪に見えてしまいがちな行動が、ようやく市民権を得られたという安堵《あんど》感に包まれた。さらに〝何も無いところ〟の居心地の良さに気づき、駅に降りるだけで雑多な日常から解放され、童心に帰って自然体験が出来ること。これらを「秘境駅訪問」としてたくさんの人々と共感できたことをうれしく感じている。

そこで、休日などににぎわいを見せている「秘境駅」の〝今〟について考えてみた。それは冒頭に記したように良いことばかりではない。むしろ疑念を感じざるを得ない出来事もある。そのひとつに地域活性化として利用する自治体が、鉄道会社と連携を組んで観光化を推進することである。むろん今まで見過ごされて来たところが活性化されることはむしろ喜ばしいことだが、「秘境駅のあり方」という観点で見ると胸中は複雑である。

もとは個人的な趣味であったものが、まさか「〇〇秘境駅号」という愛称がつけられた列車が運行され、連日満員になることなど想像すらし難かった。ふたを開けてみて、これが現実であることを知ると、大きな喜びに変わった。かくいう私も企画段階からパンフレットの制作などで協力してきたし、鉄道と駅を応援するために力添え出来たことも光栄であった。

こうして件《くだん》の列車に同乗してみたが、やはり満員御礼の大盛況だった。ふだん誰もいない駅のホームがおびただしい人々でごった返す光景は、駅が開業して以来、一度として無かったに違いない。まさに「秘境駅」が〝秘境でなくなった瞬間〟という、大いに矛盾した状況が展開されたのである。さらに出店も連なって、地域の観光協会が企画したと思われ

小和田駅に訪れた乗客は、駅舎周辺の探訪へと繰り出してゆく

「飯田線秘境駅号」の運転日には「秘境駅ランキング」第3位の小和田駅もこの様子

# 「秘境駅」は生きている

る同名の商品が大いに売れている。これをうれしいという以外に何と表現したら良いのか？　ここまで書いてしまうと、いかに私が天邪鬼《あまのじゃく》であることを証明しているようで、それはそれで心苦しい……。

## 廃止が「秘境駅」の定め

だが、せっかくの流れに水を差すようで申し訳ないが、「秘境駅」と称して活性化を図ったとしても、あくまでもブームに頼った一時的なものだ。当初は人気が高まることで定期利用者のいない秘境駅を廃駅から救うことも、ひいては赤字路線の廃止を抑制できる期待もあった。けれども、現実的には遅かれ早かれの問題である。その土地にはすでに安心して働ける産業はない。よって、まとまった定住者による安定した鉄道利用者の増加という流れにならなければ、根本的な解決に至ることはない。

人々が去るには、去るにふさわしい理由があり、これを鉄道ファンというフィルターを外して直視しなくてはならない時期に来ている。鉄道会社側から見ても、長年にわたって赤字体質から脱却できないローカル線を経営するには、単に〝モノ珍しさノスタルジー〟に頼ることにも限界があろう。

冷静に考えれば、地域の産業が廃《すた》れ、人々が去ってしまったことで生まれた形態のひとつが「秘境駅」だ。それを「町おこし」と称して、商

ランキング第33位の千代駅に停車中の「飯田線秘境駅号」

業的に観光化することが本当に良いことなのか？　そもそも住民の少ない特定地域へ、多勢の観光客が大挙して詰めかけることは、環境破壊にほかならない。騒音しかり、ゴミ問題しかり、器物破損しかり、そして治安しかり。いわゆる地域住民の平穏な生活が脅かされるということだ。

一度あなたが住む地域に観光客が大挙して訪れ、物珍しげにジロジロと観察されたらどんな気持ちになるだろうか？

一度壊されたものは簡単には回復できない。それは見た目だけでなく、土地に住む人々の心情にも及ぶ。

だからこそ秘境駅に訪れるのは、ひとりもしくは少人数で。よその人だからこそ謙虚に。

近い将来、廃止される運命にある秘境駅を訪れる旅人のささやかな心遣いに期待したい。

2015（平成27年）7月

# 人が去ることで誕生した「秘境駅」、その短き命を大切に楽しんでほしい。

# 秘境駅へようこそ

文　栗原 景

都会を離れて
とびきり自由な
時間を過ごしてみたい。
秘境駅の旅は、
そんな人にぴったりだ。
「こんな所に、どうして駅が？」
そうつぶやかずにはいられない、
秘境駅へと旅立とう。

四国の人気秘境駅、土讃線・坪尻駅（撮影／坪内政美）

## 秘境駅とは？

線路以外、何もない駅。それが秘境駅だ。全国には約1万の鉄道駅があるが、そのなかには、周囲に民家が1軒もない駅、道路すらなくどこにも行けない駅など、信じられない環境の駅が存在する。過疎化で集落が消えてしまった駅、ダム建設によって孤立した駅など、由来はさまざまだ。だが、どんな駅でも、毎日時刻どおりに列車が来る。ただ列車に乗るだけで、簡単に〝秘境〟を訪れることができる。それが、秘境駅の大きな魅力だ。

## 大自然に身を預けられる

ホームの向こうは、深い森や大海原。秘境駅の一番の魅力は、降りた瞬間、いっぱいの大自然に包まれることだ。人里離れて、思い切り開放感に浸りたければ、大井川鐵道井川《いかわ》線の奥大井湖上駅を訪れてみよう。広大なダム湖である接岨《せっそ》湖の中央に位置する半島の先端。ホームに降りると、目の前は青く輝くダム湖と南アルプスへ続く険しい山々。見わたす限り、誰もいない。次の列車が来るまで、ふだんの生活を忘れて特別な時間を過ごせる。

今号のルポでも訪れた大井川鐵道井川線・奥大井湖上駅（撮影／金盛正樹）

## 列車に乗りさえすれば行ける

日本の鉄道は世界一正確。どんな山奥でも、よほどのことがない限り、毎日列車は1分と違わずに運行されている。列車の時刻は、時刻表やスマートフォンの乗り換えアプリにも入っているので、ふだん、遊びに行くときと同じように調べれば、訪れることができる。もちろん、帰りの列車も時刻どおりにやって来るので、どんなに人里離れていても、取り残されることはない。安心・安全に訪れられるとびきりの秘境。それが秘境駅だ。

北の大地も鉄道が切り開いてきた。根室本線・下金山〜金山間（撮影／佐々倉 実）

## 自分だけの時間を過ごせる

人が少ないことも、秘境駅の魅力のひとつ。人気の秘境駅は、夏休みには旅行者で混み合うこともあるが、駅や列車をうまくチョイスすれば、次の列車まで自分だけの時間を過ごすことができる。日本海に面した、五能線驫木《とどろき》駅。頭を空っぽにして、潮風に吹かれながら穏やかな海を眺めていると、日ごろの疲れがじんわりとほぐれていく。ホームに座って、列車が来るまで何もしない。たまには、そんな旅があってもいい。

夕日が鑑賞できる駅としても人気の五能線・驫木駅（撮影／栗原 景）

# 秘境駅の楽しみ方は人それぞれ

秘境駅での過ごし方に決まりはない。持ち物の準備をしっかりして、現地では思いのままに過ごそう。

## ホームや駅前でのんびり過ごす

秘境駅の周囲に、「観光地」はほとんどない。自然に包まれて、ただゆっくりと過ごすこと。それが秘境駅の一番の楽しみ方だ。暖かい時期に、おすすめなのが北海道の秘境駅だ。宗谷本線の抜海《ばっかい》駅は、サロベツ原野のど真ん中。駅の周囲には、果てしない原野が広がる。ホームに座って、最果ての空気を胸いっぱいに吸おう。

## 駅前の道を歩いてみる

駅前に道があるなら、駅を背にして、まっすぐ歩いてみよう。この時、次の列車までの時間を3等分するといい。1時間あるなら、3分の1にあたる20分、のんびりまっすぐ歩いてみる。次の20分は、見知らぬ土地を味わう時間。最後の20分で駅に戻れば、無理なく散策を楽しめる。途中目にする風景は、すべて一期一会だ。

## 読書をして過ごす

秘境駅での過ごし方は自由。木陰で、お気に入りの本をじっくり読むのも楽しい。暑い夏は、駅舎のある秘境駅がおすすめ。木造駅舎は風通しが良く、冷房がなくても快適に過ごせる駅が多い。たとえば、岡山県のJR因美線・知和《ちわ》駅。かつては駅員がいた秘境駅で、出札窓口も残る。田舎に帰ってきたような気分になれるだろう。

飯田線・小和田駅でありあまる時間をのんびり過ごす（撮影／北村光）

## 持ち物を確認し、備えは万全に

列車で手軽に訪れられるとはいえ、人里離れた秘境駅を訪れるにはそれなりの準備が必要だ。基本的に登山に準じた装備で出かけたい。食糧、飲料水、くるぶしまであるウォーキングシューズのほか、夏期なら日よけの帽子、虫よけスプレー、タオル、懐中電灯などを持参しよう。かばんは、両手が自由になるリュックサックがおすすめだ。

## 隣の駅まで歩く

秘境駅でも、多くの駅は携帯電話の電波が届く。スマートフォンで地図を確認して、隣の駅まで歩いてみよう。駅や路線にもよるが、たとえば駅間が短いJR飯田線なら、1時間ほどで隣駅まで歩ける秘境駅が多い。秘境駅が置かれた地形や、集落との位置関係も分かり、なぜそこに秘境駅があるのか深く理解できる。

## ルールを守って安全に楽しもう

人里離れた秘境駅と言えど、現役の鉄道駅。ルールを守って、安全に旅を楽しもう。運行本数がどんなに少なくても、線路に降りるのは法律違反。ホームから足を投げだして腰かけるのもルール違反。踏切内で立ち止まったり、線路に入ったりしての撮影もNGだ。駅で一晩を過ごすのも非常に危険。必ず帰りに乗る列車を確認してから訪れよう。

第1章

# 飯田線大研究

## 1日平均乗車客は1人!? 〝秘境駅〟のワンダーランドへ

Hikyou Eki no Nazo

秘境駅が路線に連なる飯田線。
だが、それだけではない。
全長195・7㎞の路線を
くまなく踏査すれば、
94もの駅が設けられた
縦貫鉄道の歴史、
天竜川に寄り添う
隧道鉄道の秘密、廃線跡など、
鉄道ファン・乗り鉄ファンの
心を捉えて離さない
魅力が再発見できる。

# 飯田線秘境駅地図

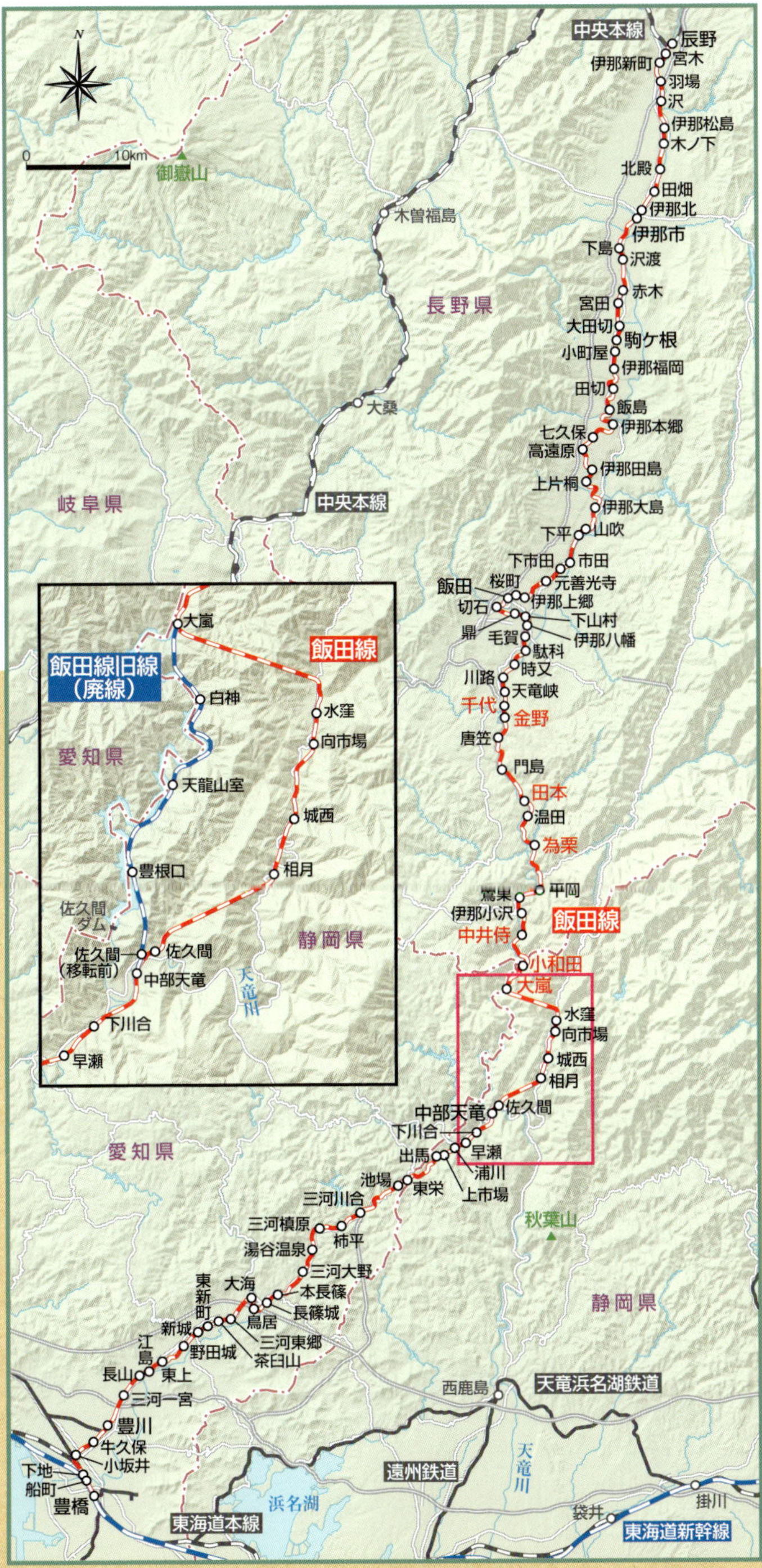

N
0
10km
御嶽山
中央本線
辰野
宮木
伊那新町
羽場
沢
伊那松島
木ノ下
北殿
田畑
伊那北
伊那市
下島
沢渡
赤木
宮田
大田切
駒ケ根
小町屋
伊那福岡
田切
飯島
伊那本郷
七久保
高遠原
伊那田島
上片桐
伊那大島
下平
山吹
下市田
市田
元善光寺
飯田
桜町
伊那上郷
切石
下山村
鼎
毛賀
伊那八幡
駄科
時又
川路
天竜峡
千代
金野
唐笠
門島
田本
温田
為栗
鶯巣
平岡
伊那小沢
飯田線
中井侍
小和田
大嵐
水窪
向市場
城西
相月
中部天竜
佐久間
下川合
早瀬
出馬
浦川
上市場
池場
東栄
三河川合
三河槙原
柿平
湯谷温泉
三河大野
東新町
大海
本長篠
長篠城
新城
鳥居
三河東郷
野田城
茶臼山
江島
長山
東上
三河一宮
豊川
牛久保
小坂井
下地
船町
豊橋
木曽福島
大桑
長野県
岐阜県
愛知県
静岡県
秋葉山
飯田線旧線
（廃線）
白神
天龍山室
豊根口
佐久間ダム
佐久間
（移転前）
天竜川
西鹿島
天竜浜名湖鉄道
遠州鉄道
浜名湖
東海道本線
袋井
掛川
東海道新幹線

# 駅で降り、倒木かきわけ、山道を行く
# 7大秘境駅で途中下車「駅から大冒険」の旅

文 栗原 景

秘境駅というけれど、
駅の先にはどんな世界があるのだろう。
飯田線水窪～天竜峡間に並ぶ、
名だたる秘境駅たちにも日常があるはずだ。
駅前をさらりと見るだけではわからない、
1泊2日の冒険散歩。
歩き尽くしたその先に、
一駅一駅異なる表情が待っていた。

7大秘境駅大冒険ルート

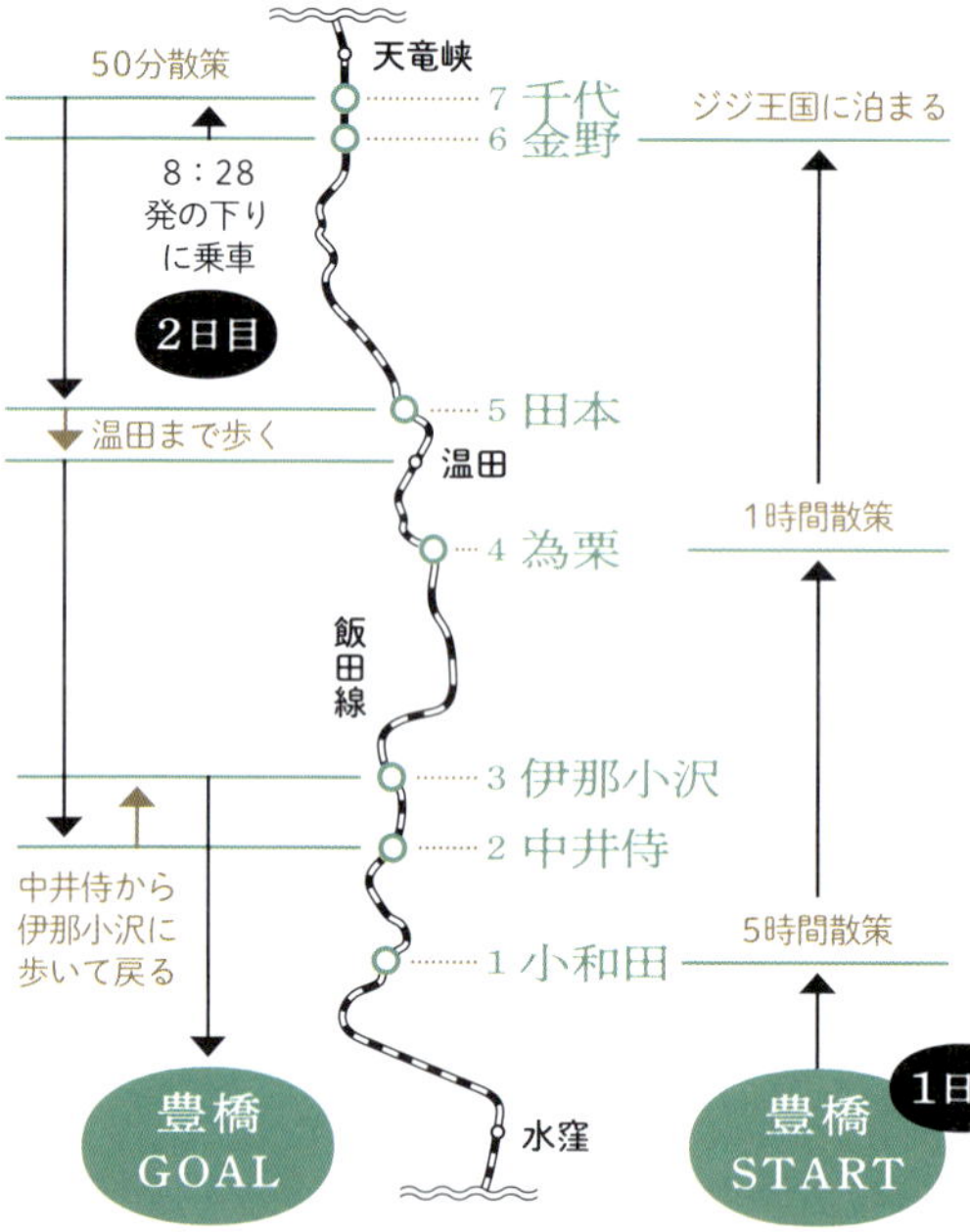


Station 1

クルマでは行けない
秘境駅のパイオニア

## 小和田 Kowada

豊橋から：83.8㎞
1日の乗車客数：6人
ホーム数：1面1線
駅建造物：木造駅舎、相対式ホーム跡
周辺集落：徒歩20分で1軒

開業当時からの木造駅舎が健在

撮影／金盛正樹

天竜川の蛇行を望む相対式ホームの秘境駅

## 伊那小沢 Inakozawa

豊橋から：90.1㎞／1日の乗車客数：4人
ホーム数：2面2線／駅建造物：構内踏切、待合室
周辺集落：駅周辺に数軒

駅入口の案内は、
路地の絶壁に刻まれる

2 Station

長野県で最も海抜が低く
最も南にある

## 中井侍 Nakaisamurai

豊橋から：87.8㎞
1日の乗車客数：7人
ホーム数：1面1線
駅建造物：開放式待合室
周辺集落：
徒歩5分の斜面にあり

3 Station

駅のすぐ上に民家がある。時折、猿の鳴き声が聞こえた

崖の下にホーム！
とても狭い磨崖《まがい》駅

## 田本 Tamoto

豊橋から： 104.2㎞
1日の乗車客数：2人
ホーム数： 1面1線
駅建造物：開放式待合室
周辺集落：徒歩20分

4 Station

「信濃恋し」を見下し
吊り橋の天竜橋がかかる駅

## 為栗 Shiteguri

豊橋から：98.5㎞
1日の乗車客数：6人
ホーム数：1面1線
駅建造物：開放式待合室
周辺集落：裏手に2軒

天竜川沿いの駅。民家は駅の裏手にある

5 Station

そびえ立つ絶壁に圧倒される

6 Station

駅前の橋を渡ると細い林道が延びる

かつては川の砂利を
積みだした駅

## 千代 Chiyo

豊橋から：114.8㎞
1日の乗車客数：3人
ホーム数：1面1線
駅建造物：開放式待合室
周辺集落：駅の北に民家

7 Station

天竜川にそったカーブへと列車が走り出す

飯田線で利用客がいちばん少ない

## 金野 Kinno

豊橋から：113.6㎞
1日の乗車客数：1人
ホーム数：1面1線
駅建造物：開放式待合室
周辺集落：徒歩15分で人家

築約80年の木造駅舎が残る小和田駅。使われなくなった上りホームもある

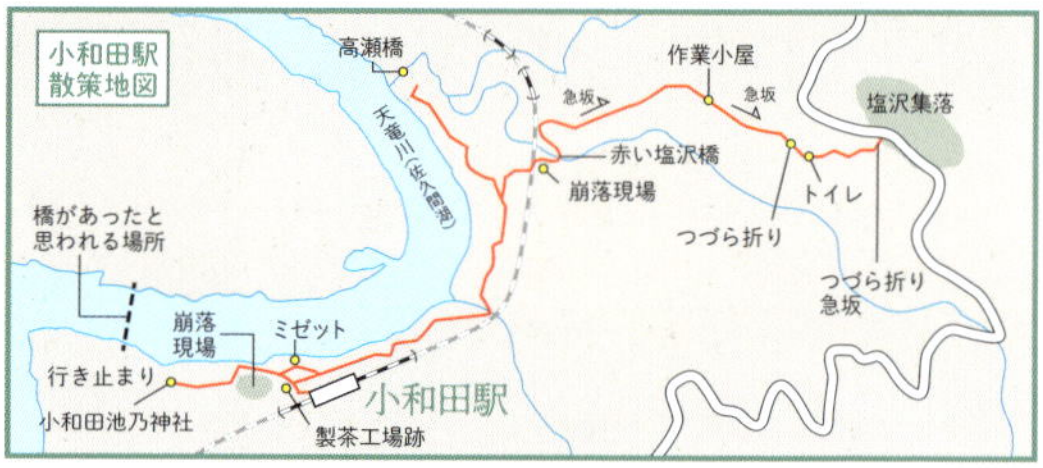


# 小和田駅《こわだ》

秘境駅探索の旅は、まず横綱格ともいえる小和田駅からスタートした。過酷な山道続きの取材に、5時間の滞在時間はあっと言う間に過ぎ去った。

## ダムに沈んだ村を見守る小さな社

豊橋から飯田線の電車に揺られること3時間あまり。天竜川ぞいのトンネルをいくつも抜け、小和田駅に到着した。列車が去ると、あたりはすっかり静寂の世界。時々聞こえる機械の音は、天竜川の川底にたまった土砂をさらう浚渫船《しゅんせつせん》だ。これから2日間、飯田線の旧三信鉄道区間に並ぶ7つの秘境駅をじっくりと探検しよう。

小和田駅は、天竜川を見下ろす高台に位置する無人駅。駅の周囲に車が通れる道がなく、鉄道でしか訪れることができない秘境駅として知られる。住所は静岡県浜松市天竜区。全国屈指の秘境駅が政令指定都市にあるというのもユニークだ。

古い木造駅舎は、1936（昭和11）年に三河川合〜天竜峡間が三信鉄道として開業した時から使われているものだ。昭和50年代まで駅員が配置され、窓口には今も営業時間の表示が残る。指定券も買えたらしい。電話で近隣の駅に照会し、手書きで発券していたのだろう。小和田駅発行の〝指定席急行券〟なんて、一度見てみたかった。

時刻は11時20分。次に乗る16時11分発の天竜峡行きまで、5時間近くある。この時間を使って、小和田駅から行ける場所をめぐってみよう。実はそれほど時間に余裕はない。秘境駅に流れる時間は、都会のそれとは違うからだ。

5年前の訪問時に駅前にあったトイレと清涼飲料水の自動販売機は撤去され、

小和田の名所となっているミゼットMP型の残骸。茶葉を輸送していたのだろうか

今にも倒壊しそうな小和田池之神社だが、さい銭はそれなりに積まれていた

駅からの見晴らしがいくぶんよくなっていた。周囲には、天竜川と森がどこまでも続いている。坂を下りると、製茶工場の廃墟が現れる。荒れるに任せた工場建屋は、いつ倒壊してもおかしくない状態だ。その手前には、「高瀬橋25分」「塩沢集落1時間」、そして「小和田池《いけ》之《の》神社5分」と書かれた立て札。まずは、一番近い小和田池之神社へ行ってみた。

## 崩壊したままの高瀬橋

池之神社は、南へ徒歩5分ということだったが、実際には20分！ 近くかかった。土砂によって道が崩壊しているからだ。安全なルートを見つけ、ようやくたどり着いたのは、壊れかけた小さな社《やしろ》だった。56（昭和31）年に佐久間ダムが完成するまで、この斜面の下には小さな集落があり、対岸へ渡る橋もあった。今は水位の上がった天竜川にすべて沈み、社だけが残されている。

駅前に戻り、川ぞいの道を北へ歩き出す。こちらは簡易舗装で格段に歩きやすい。オート三輪、ダイハツミゼットの残骸があった。昔、小和田に車道が通じていた証拠と紹介されることもあるが、この車が発売されたのは59（昭和34）年。すでに集落はダムに沈んだ後である。では、どうやってここに来たのだろうか？

人工建築物が一切見えない天竜川を眺めながら15分ほど歩くと、小和田唯一の民家が見えてきた。道は二手に分かれ、左の道には、「高瀬橋通行不可」の札。倒木がごろごろ転がる山道をかき分け、また10分ほど歩くと、その高瀬橋に行き着いた。立派なコンクリート主塔がそびえる吊り橋だが、踏み板が崩壊しており、渡ることはできない。ここが静岡・長野県境で、かつては次の中井侍駅まで道が続

天空の村ともいうべき塩沢集落。ケーブル工事の業者もここへ来るのは1日がかりだったとか

いていた。主塔には「昭和三十二年一月竣工」の文字が刻まれている。佐久間ダム完成の翌年にあたり、水没補償の一環として建設されたのかもしれない。おそらく、あのミゼットはこの橋を行き来していたのではないだろうか。高瀬橋が崩壊したのは30年以上前のことだ。小和田から中井侍へ抜ける道はもうひとつあったが、そちらも10年ほど前から通行止めとなっている。これらの道が復旧することはないだろう。住民の高齢化が進み、通行需要が皆無なのだ。

## 塩沢集落への山道はほとんど登山道

高瀬橋で持参した昼食を食べ、分岐点に戻り、今度は塩沢集落をめざす。塩沢集落は小和田駅から通じる唯一の「外界」で、直線距離は2㎞ほどだが、小和田駅との標高差は３００ｍ以上あり、杉林の中の急峻な山道を登らなくてはならない。

歩き始めたのは13時50分。立て札には所要40分とあり、写真を撮る時間を含めても16時までには小和田駅に戻れるはずだ。民家の裏から、崖にそって渡された金網状の通路を進む。ところが、すぐに行く手を阻まれた。崖崩れによって通路が破壊されており、通れない。無理に乗り越えるわけにもいかず、引き返すしかなさそうだ。塩沢集落行きは中止か……と思った時、通路の手前に沢へ降りる階段を見つけた。「↑塩沢集落」の立て札もある。ちゃんと迂回《うかい》路が作られていたのだ！

浜松市天竜区の土木事務所によれば、この崩落は今年2月の大雪によって生じたものだ。だが、この道は塩沢集落への郵便物の集配に欠かせない。すぐに仮設

2月の大雪で崩れた場所を迂回する仮設道路。その向こうの塩沢橋も、2013年、きれいに塗装された

山道の途中にはトイレの廃墟。なぜかタオルがかかっていた

通路が整備された。小さな道だが塩沢の人たちにとっては生命線なのだ。

迂回路を通り、吊り橋を渡って再び塩沢集落をめざす。すぐに尋常ではない急坂が始まった。あまりの険しさに、ところどころ滑り止めの金網が敷かれており、階段になっているところも段差が大きい。杉林に囲まれ、いくら登っても周囲の状況はほとんどわからない。何度も休憩しながら、つづら折りの山道を少しずつ登っていく。時折現れる廃屋は、林業の人が使った作業小屋だろうか。1軒をのぞいてみると、トイレだった。今にも床が抜けそうだ。一体いつのものなのか。分岐点からひたすら登ること1時間。ようやく林道のガードレールが見えた。

## 4軒のためにテレビケーブルを敷く

塩沢集落は天竜川林道ぞいの山腹にある小さな集落だ。平地はまったくなく、狭い斜面に茶畑が広がり公民館もある。

「どこから来たの?」

電信柱にケーブルを架けていた作業員が話しかけてきた。小和田駅からと答えると、「そんな駅知らんなあ」と意外な反応。愛知県の通信機器業者で、塩沢集落にテレビ視聴ケーブルを設置しているという。難視聴地域対策で、共同受信設備から受信した地上波デジタル放送を各戸に配信する設備だ。

「この集落は4戸しかないんですが、今まではまともに地デジを受信できなかったんです」

たった4軒のために、浜松市が補助金を出して隣県から業者が来ているのである。

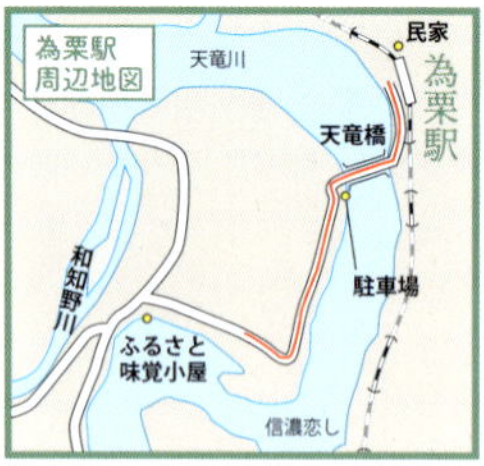


「歩いてきたとはご苦労さんです。私らは車で来たんですが、大嵐《おおぞれ》から40分かかりましたよ。近くに駅があるんですか？」

作業員の男性はしきりに感心した。

もう15時すぎ。列車の時間まであと1時間となり、山を下りる。林道を歩けば中井侍駅や大嵐駅へ行くこともできるが、地形にそって大きく迂回しているために、いずれも十数km、3時間前後かかってしまう。5時間の待ち時間利用では、そこまでの徒歩移動は無理だった。

帰りは行きよりも早い、との予想ははずれ、あまりの急坂にひざが笑って行きと同じ時間がかかった。小和田駅に着いたのは、列車到着5分前。駅前は秘境駅めぐりの団体客でにぎわっていた。日帰りツアーで、上下の列車を組み合わせ、滞在時間は15分だそうだ。

# 為栗《してぐり》駅・金野《きんの》駅

同じ秘境駅でも、雰囲気は駅ごとにかなり違う。秘境駅のそのまた奥には、意外な発見があるかもしれない。

## 「信濃恋し」の伝説が残る為栗駅

16時11分発の天竜峡行きに乗った。ツアーの人たちも一緒に乗り、車内はにぎやか。天竜峡まで乗り通し、バスで大阪に帰るという。車窓左手には、天竜川の雄大な眺めが続く。「電車の旅はいいなあ」と言う人もいれば、「やっぱりバスが便利ね」とつぶやく人もいる。

平岡駅で14分停車。天龍村の中心で、駅舎内に村営の温泉宿泊施設「ふれあい

「信濃恋し」の伝説が残る為栗駅前の天竜川と天竜橋。対岸には伝説の案内板もある

為栗駅を発車する豊橋行き562M。かつてこの下に民家があったとは信じられない

ステーション龍泉閣《りゅうせんかく》」がある。1階には売店があり、つい、缶ビールに手が出た。プシュッと開けてひと口飲むと、ハードな山歩きで消耗した身体に染み渡った。

16時48分着の為栗駅で降りた。次の列車まではちょうど1時間。沿線人口の少ないこの区間に、1〜2時間に1本電車が運行されているのは凄い！　ことだ。

為栗も、小和田と同様ダム建設による水位上昇で集落の大半が沈んだ駅だ。平岡ダムの人造湖が駅のすぐ下まで水をたたえているが、51（昭和26）年ごろまではここに数軒の民家と田畑があった。今は、駅裏手にわずかに民家があるだけ。

このあたりには、その昔信濃から奉公に出される娘が船から御守袋を川へ投げ込むと、船がもと来た方角を向いて恋人のもとに帰ることができたという「信濃恋し」の伝説が伝わる。天竜川がZ字状に蛇行しており、流れが北を向くため、信濃から下ってきた船が振り返る形になったことが由来とも言われる。

駅の南側には吊り橋の天竜橋が架かり、自動車は通行できない。小和田駅と同じ「車では訪れることができない秘境駅」だが、雰囲気はかなり異なり、明るい。

橋の対岸に駐車場があった。為栗駅を利用する人はここに車を置くのだろう。と、軽トラックが現れた。運転していたおじさんが、「どこから来たの、ほう、東京」と話しかけてくる。

「私は近くの者ですが、仕事が終わったんで、ちょっと様子を見に来たんです」

何の「様子」を見に来たのだろう。道路に異常がないか、自主的な見回りだろうか。

「このあたりを散策するなら、10分くらい歩いて県道1号線に出たところに、『ふるさと味覚小屋』って食堂があるよ。今日やっているかはわからんが」

林道の行き止まりにある金野駅。以前は自転車置き場に数台の壊れた自転車があったが、今はすべて撤去された

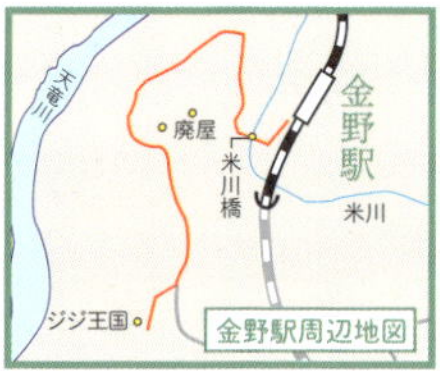


そう言うと、おじさんの軽トラックは元来た道を走り去った。歩いて行ける所に幹線道路があるのか。店まであるとは！　どうりで開けた雰囲気のはずだ。「ふるさと味覚小屋」まで行きたかったが、車が行き交う音が聞こえてきたあたりで時間切れとなった。秘境駅を探検するのに1時間は短い。

## 秘境駅の奥にあるきれいな森の宿

この日、最後に降りたのは、18時10分着の金野駅。夏至が近いとは言え、そろそろ日が落ちてくるころだ。金野駅は、天竜川の支流である米川《よねかわ》を見下ろす丘の上にある。駅前の自転車置き場に自転車は1台もなく、周囲に人家は1軒も見えない。米川橋を渡り、一本道の林道を1㎞ほど歩く。すると、突然視界が開け、立派なコテージ風の建物が現れた。人里離れた秘境駅の、そのまた奥にある立派な館。これで玄関に「西洋料理店山猫軒」とあったら、逃げ出すところだが、表札にはネコのイラストと共に「ジジ王国～山のレストラン」とある。実はここ、泰《やす》阜《おか》村にIターンをした夫婦がNPO法人を設立し、3年前から営業している山村交流・宿泊施設「泰阜村・ジジ王国」なのである。

「お兄さん、前も来たでしょう。牛山隆信さんと秘境駅の本をつくっているって」

女将《おかみ》さんが覚えていてくれた。私は5年前に金野駅を訪れた際、設立準備中だった「ジジ王国」に偶然立ち寄り、その構想を聞いたことがあったのだ。

木の香り漂う建物は、暖炉もある吹き抜けの2階建て。タマネギのパンスープをはじめ自ら育てた野菜や鶏の料理が食べきれないほど出され、秘境駅最寄りの宿とは思えない快適な一夜となった。

千代駅の営業キロは豊橋起点114・8kmだが距離標は115km。これは鴬巣～平岡間の線路付け替えによる影響

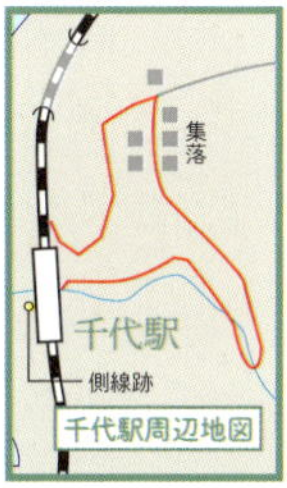


千代駅周辺地図

# 千代《ちよ》駅・田本《たもと》駅

## 秘境駅も進化する

尾根を越えての駅間徒歩移動に挑戦した。田本駅から温田《ぬくた》駅へ向かう山道から見えた風景に息をのむ。

金野駅8時28分の下り天竜峡行き電車で、隣の千代駅へ。この付近は、トンネルが少なく天竜川がよく見える。日中なら天竜ライン下りの船も見えるだろう。千代駅は駅舎のない無人駅だが、ホームの向かいには短い側線がある。現在は保線車両の留置などに使われているようだが、これは66（昭和41）年まで、天竜川で採取した砂利の積み込みを行っていた貨物線の跡だ。駅から延びる道は飯田寄りと金野寄りの2本あり、どちらも坂を上って森の中へ消えている。飯田寄りの道を歩くと、坂を上りきったところで集落に出た。デイケア施設の車が、おばあさんを迎えに来ているのが見えた。足が不自由らしいおばあさんは、坂道を下りて飯田線を利用するのは難しいだろう。駅が近くにあっても利用できない。飯田線、いや地方鉄道が抱える問題を垣間見た思いである。

9時22分の上り電車で引き返し、田本駅へ。急斜面の岩場にホームがへばりついたような、前後をトンネルに挟まれた駅で、コンクリート障壁の上には撤去を諦めたという岩がせり出している。ホームの狭さも特異で、黄色い線の内側と外側が同じくらいの幅しかない。駅南側の階段を上り、トンネルの上を越えると、狭い未舗装の山道が現れ、すぐ二手に分かれている。右は天竜川の対岸阿南《あなん》町へ向かう道で、左は斜面を上って田本の集落に出る道。この2本だけが田本駅に通じる道で、車はもちろん自転車も入れない。駅の狭さや断崖絶壁と併せ、秘境駅の

田本駅〜温田駅散策地図

雰囲気をもっともよく感じられる駅と言える。

まずは右の道をたどり、天竜川へ。崖ぞいの道は所どころ路肩が崩れているが、危険を感じるほどではない。竹林の中を5分ほど歩き、沢を越えると竜田橋がある。ここは悠々と流れる天竜川だけでなく、市場川《いちばがわ》橋梁を渡る飯田線もよく見える撮影ポイントだ。10時半ごろに通過する特急「(ワイドビュー)伊那路2号」を待つことにしよう。待ち時間は30分くらいあるので、橋の上でノートパソコンを広げ、仕事のメールをいくつか送信することにした。幸い、携帯電話の電波はよく入る。そういえば、小和田駅でも電波はよく入った。私は「犬のお父さん」で知られる会社の携帯を使っているが、5年前は小和田駅では完全に圏外だった。秘境駅も進化しているのである。

## 街と秘境を一望できるポイント

特急の撮影を終え、田本駅に戻ってもう一つの登山道をたどる。急な坂道だが、塩沢集落への道に比べればたいしたことはない。１５０ｍほどの標高差を20分で登り、田本集落の県道に出た。小ぎれいな民家が点在する明るい集落で、直前まで歩いてきた山道とのギャップの大きさが興味深い。千代もそうだったが、このあたりは丘の上に集落がある一方、飯田線は天竜川の谷底を通っているために、人家がほとんど見えない秘境駅が多数生まれたようだ。目の前に「食堂奈川」が店を構え、のれんが出ていた。ちょうどお昼どき。ここで昼食というのも悪くない。

「ごめんなさい、お昼は予約制なんです」

店内にいた女将さんが、申し訳なさそうに言った。奈川は田本集落の中心にあ

急な山道を上ったところにある「奈川」。前日までに電話しておけば、焼肉定食などを食べられる

田本駅を天竜峡行き５１１Ｍが発車。狭い駅だが、委託された職員が毎日清掃しておりきれいだ

る食堂で、地域の人の宴会などに使われているが、昼食を食べに来る人はほとんどいないらしい。

時刻は12時10分。次の上り列車までは1時間ほどある。隣の温田《ぬくた》駅までは歩いて3㎞ほどで、県道1号をひたすら下っていけば着くはずだ。温田は阿南町の中心地が近い。秘境駅から市街地まで歩くというのも悪くはない。

田本は泰阜村にあり、小学校や中学校もある大きな集落だ。温田や泰阜村の中枢へは立派な県道が通じている。飯田線が三信鉄道として開業した１９３０年代、この県道はまだ整備されていなかった。自動車が普及するまで、集落の人たちは皆山道をたどって田本駅から列車を利用していたのだろう。秘境駅にも、ちゃんと存在する理由があったのだ。

立派な大沢橋を渡ってしばらく歩くと、河岸段丘を一望できるポイントに出た。左に温田駅と阿南の街並みが、右に先ほどＰＣを広げた竜田橋と田本駅付近の峡谷が見える。田本駅が意外に街に近いこともよくわかり、秘境駅の舞台裏を見た気分だ。

よく整備された道をひたすら下り、高校生が行き交う温田駅に着いたのは電車到着の3分前。駅事務室跡に売店が入っており、缶ビールも売っていた。秘境駅から歩いた後のビールは、実にうまかった。

中井侍付近は特に急峻な地形で、つづら折りを上っていくと、線路をほぼ真上から見下ろすことができる

# 中井侍《なかいさむらい》駅・伊那小沢《いなこざわ》駅

中井侍駅から伊那小沢駅へ。駅間が短い飯田線だから歩いてみるのも楽しい。

## ホームにあった「名所案内」

温田発13時11分、上諏訪～豊橋間を走破する544Mに乗り、中井侍駅へ。小和田駅の隣に位置するこの駅は、飯田線の旧三信鉄道区間を象徴する駅だ。天竜川の両側に、断崖絶壁とも言える急峻な山が迫り、人々は斜面のわずかなスペースに段々畑を切り開いて生活している。

実は今朝、ジジ王国でお弁当をつくってもらっていた。秘境駅探検で大切なのは、食料とトイレの確保だ。中井侍駅のベンチで、包みを開く。おにぎり2個と頼んだのに、おにぎり4個にたくさんのおかず、それにお茶までついていた。眼下に天竜川を眺めながらほおばるおにぎりの、なんとうまいことか！

しばらく休憩した後、ホームの名所案内にあった三十三体観世音菩薩《さんじゅうさんたいかんぜおんぼさつ》をめざして歩き出す。中井侍の集落は、駅の裏手、つづら折りの坂道にそった斜面にある。崖が急すぎて見えないが、実は民家はそれなりに多い。斜面のわずかな空間に段々畑が点在し、お茶などを栽培している。日本家屋がなければ、中国の長江《ちょうこう》三峡と言っても信じてもらえそうな光景だ。中井侍は70年代後半まで、昨日訪れた高瀬橋を通じて小和田につながっていた。想像だが、昨日小和田駅近くで見たミゼットは、このあたりで採れた茶葉を載せ、高瀬橋を通り、小和田の製茶工場へ運んでいたのではなかったか？　山道を登り切ると、林道の脇に名所案内とは少し名前の異なる三十三所観音があった。岩を削った棚に仏像が整然と並び、「宝暦《ほうれき》七丁

列車の交換もできる伊那小沢駅。かつては急行列車も停車した

中井侍～伊那小沢間の徒歩では鉄橋の真下を通った

丑《うし》年」（1757年）と刻まれている。かなり由緒のあるものらしい。こんな見どころを発見するのも、秘境駅の楽しみだ。

## 駅間が短いのも飯田線の魅力

林道は、一つ手前の伊那小沢駅へ通じているようなので、また一駅歩いてみることにする。駅間が短い飯田線は、徒歩でたどれる区間が多いのも魅力だ。秘境駅の多彩な表情を見られる上、その駅が存在する理由も見えてくる。

杉林の林道を30分ほど歩くと、視界が開け、踏切警報音のような音が聞こえてきた。眼下に伊那小沢駅が見え、ちょうど15時52分発の豊橋行きが到着するところだ。伊那小沢駅は、民家が多く秘境の雰囲気ではないものの、上から見るとやはり険しい地形にあることがわかる。三信鉄道の建設に北海道からアイヌ民族の技師が招かれた話は有名だが、伊那小沢を含む小和田～満島（現・平岡）間は測量の段階から非常な困難をともなった。人口が少なすぎて測量隊の宿所を確保できず、対岸から毎日8km以上歩いて測量に向かったそうだ。今、旅人が秘境駅の旅を楽しめるのは、そうした先人たちの苦労のおかげでもある。

20分ほどで、伊那小沢駅に着いた。川を見わたし、春には桜並木も美しいのどかな駅。貨物ホームと引き込み線の跡が、この駅がかつてダム建設に重要な役割を果たしたことを伝えている。民家はそれなりにあるが、人影は少ない。ホームの隅で、野生の猿たちが遊んでいるのが見えた。2日間の秘境駅探検もそろそろ終わり。猿たちを眺めながら、1時間後の豊橋行きを待つことにしよう。

（取材　2014年6月）

# 飯田線全線195・7kmを普通列車で完乗

飯田線は、明治時代から敷設された4つの私鉄が統合された線区である。豊橋側からは生活路線・鳳来寺の参拝路線として、長野県側からは伊那谷の縦断路線として延伸。最後に「秘境」エリアを貫くルートが難工事の末に完成し、全線開通となった。長い歴史を持つ飯田線には、鉄道名所や絶景など、秘境駅にとどまらないさまざまな魅力が潜んでいる。

文
谷口礼子
たにぐち・れいこ
1983年、神奈川県生まれ。早稲田大学文学部卒。女優。舞台を中心に活動中。所属劇団・シアターキューブリックは、走る列車を舞台にしたローカル鉄道演劇を上演している。

通称“渡らずの橋”、S字カーブを描く鉄橋を渡る313系（城西～向市場間）

撮影／松尾諭

# 1日目 豊橋〜天竜峡

## 飯田線は秘境駅だけじゃない

豊橋駅で新幹線から飯田線に乗り換える。懐かしいホーム。そう。ここは、私が2年前、はじめてタビテツにルポを書いた旅の出発点なのだ。2日間でとにかく多くの秘境駅をめぐるというその旅では、ダイヤの少ない区間をできる限り効率的にまわろうと、行ったり来たりを繰り返しながら6つの駅をレポートした。生まれてはじめての取材はとても新鮮で、これまたはじめての飯田線で「秘境感」をひたすら探しまわったことが懐しい。

今回の旅は、ちょっと違う。テーマは「飯田線は、秘境駅だけじゃない！」〝秘境感〟以外の魅力を探すというリクエストである。

秘境駅の聖地としてあまりにも有名な飯田線。でも、山岳路線として建設された飯田線には、ほかにも唯一無二の魅力が山ほどある……。よーし、さっそく行ってみようか！

6月も後半に差しかかり、初夏の明るい陽射しの中、豊橋から出発した列車は豊川《とよがわ》を渡ってのんびり進む。車窓にはまだ田植えを終えたばかりの水田が広がる。水面に青空がきれいに映っている。

まず本長篠《ほんながしの》で下車。「東京都区内→東京都区内（経由・飯田線など）」という珍しい乗車券を持っている私たちを見た車掌さんが、目ざとく話しかけて下さった。「宇連川《うれがわ》って知っていますか？　この先に見えてくる川ですが、川底が板を敷いた

突如姿を現した田口線の橋脚跡。線路はかなり高いところを走っていたことが想像できる

ようになっていて、板敷川《いたじきがわ》とも呼ばれるんです。きれいですから見ていってください」とていねいに沿線の名所を教えてくれた。なんて親切な車掌さん！　お礼を言ってひとまず改札の外へ。これから私たちが向かうのは、廃線跡である！

本長篠駅からはかつて「豊橋鉄道田口線」という路線が走っていた。終点は三《み》河《かわ》田《た》口《ぐち》という駅。建設中の設楽《したら》ダムが完成すれば、この終着駅付近は水底に沈むのだという。1968（昭和43）年に廃止された路線だが、いまでも当時の遺構がかなり残っているという噂……。はい、実は私、廃線跡大好きなんです！

車で5分と走らないうちに、大きな建造物が見えてきた。鉄橋跡だ。歓声を上げる私たち。見上げると石造りの橋脚がそびえ立ち、森の中に入っていく軌道が想像できる。でもそこに橋桁はなく、線路もない。苔むしたコンクリートにツタが茂りはじめている。今年も夏は来るけれど、もう二度と電車はやってこない。わー。センチメンタル・ジャーニー！

ひとしきり写真を撮ってから、終点の三河田口をめざして再出発。22・6kmの路線なので、車でもかなり遠くまで行くイメージだ。途中、道ぞいに土手のような場所を見かければ、それがすべて線路跡に見えてくる。終点から二つ目の清崎《きよさき》のあたりまでやってくると、明らかに鉄道が走っていたとしか思えない橋桁が見えてきた。第3寒狭川《さむさがわ》橋梁。今は弁天橋と呼ばれている。ワクワクしながら橋を徒歩で渡ってみる。橋の横に立っている看板に、田口線の文字を発見！　看板によると、この鉄橋から先は廃線跡がそのまま町道として利用されているという。

車に乗り込み、廃線跡の細い道を勇んで進んでいく。いくつも通り抜けるトンネルは車1台しか通れない幅で、中は完全に真っ暗だ。車のヘッドライトで浮か

第三寒狭川橋梁から三河田口方面へひとつめのトンネル

鉄道橋であったことは遠くからでも一目瞭然。田口線の廃線跡であることを示す看板が橋の入り口に立つ

び上がる坑内の壁は、ごつごつした岩が盛り上がり、光が変に反射してずいぶん怖い。入口と出口はコンクリートで補強されているが、真ん中は当時のままの素掘りトンネルなのだ。トンネルの外は緑が生い茂る木漏れ日の道。眼下には川が流れ、緑と土の香りが立ち上ってくる。鉄道の車窓からこの景色を見たら？　と想像する。開け放った窓から吹き込む緑の風。もしも今でも走っていたら、どんなに素敵だったろう。

終点・三河田口の駅舎は、資料によると２００５（平成17）年ごろまで廃屋の状態で残っていたが、11（平成23）年に朽ち果てて倒壊したという。この駅舎の場所を探したけれど、残念ながら見つけることができなかった。近くにある奥三河郷土館には、田口線で使われたモハ14形が静態保存されているので、時間があればこちらにも行ってみるとよさそうだ。

## 「渡らずの鉄橋」を走り抜ける

本長篠に戻り、再度飯田線に乗車する。車窓を眺めていると、あっ！これが噂の板敷川だ。川の底がきれいに板のようになっている。水が清らかなので、川底がとてもはっきりと見えるのだ。先ほど車掌に教えてもらった美しい眺めに感動していると、列車はトンネルへと滑りこむ。飯田線にはトンネルがなんと１３８カ所もあり、湯谷《ゆや》温泉あたりから集中している。三河川合《かわい》を過ぎ、旧・三信《さんしん》鉄道の区間に入ると、数えきれないほどのトンネルが続く。外の光が見えたと思ったらすぐにトンネルだ。まるで息継ぎをしているみたい。トンネルとトンネルの間に広がる景色は、夢のように後ろに飛んでいく。

天竜川の川底にたまった土砂をすくう浚渫船《しゅんせつせん》

吊り橋を渡るために小和田駅へ降り立った篠田さんと記念撮影

中部《ちゅうぶ》天竜《てんりゅう》から先、大嵐《おおぞれ》までは、佐久間《さくま》ダム（昭和31年完成）で水没した地域を走っていた旧線から新線に付け替えられた区間。長いトンネルを抜けたこの区間に、飯田線の名所の一つ、「渡らずの鉄橋」がある。

正式名は第六水窪《みさくぼ》川橋梁。建設当時の計画では、電車はこの鉄橋で対岸に渡り、トンネルへ入るはずだったが、対岸の地盤が弱く、トンネルは掘ったそばから崩れ落ちてしまった。そのため、川の真ん中まで延びた鉄橋は対岸に架かることなく、崩落する危険のある斜面を避け、川の上でカーブして再び元の岸に戻ることになった。

城西《しろにし》を出てしばらくして、線路が左手の川の上に延びはじめたら「渡らずの鉄橋」の始まりだ。確かに最初は真っすぐ対岸に向かって進んでいるのに、列車は途中ですっと方向を右に変え、川の上を上流へと進み始める。川の上の広い空間に、細い橋梁。そこを走る列車は、空を飛んでいるようだ。やがて、列車はゆっくり右カーブを描いて、何事もなかったかのように元の岸に戻った。一瞬のことなのに何だか不思議と印象に残る瞬間。これが「渡らずの鉄橋」だ。

## 小和田で一緒に降りた人は……

次に降り立ったのは、小和田《こわだ》。秘境駅だけじゃない魅力を探す！　と言いながら、やっぱりここは秘境駅の聖地・飯田線、ちょっとだけ秘境駅訪問だ。2年ぶりの秘境駅。同じ電車から降りたお客さんに話しかけてみると、この先にある高瀬橋を見に来たという。残念ながらその橋は、私が2年前に探索したとき、すでに崩れ落ちてしまっていて渡れなかった。そのことを教えてあげると、少し残念

中部天竜駅にはかつての貨物ヤード跡が残る。豊橋方面の2番線ホームには313系電車が出発を待っていた

小和田駅舎内には90年代のご成婚ブーム時にここで結婚式を挙げたペアの写真がある

そう。次の列車まであと3時間、何をしようか？　と楽しそうなこの方は、吊り橋ファンの篠田さん。御年80歳。もうこのあたりの吊り橋は、車で行けるところなら大抵見に行ったという。まだ渡ったことのない橋を探して、ついに車では行くことのできない秘境駅にたどり着いたという。小和田駅の素晴らしく渋い木造駅舎の前で記念写真を撮り、篠田さんと別れると私は20分後の上り豊橋行に乗った。

　小和田から豊橋方面の電車に一緒に乗り込む男性がいた。真っ赤な顔をして汗だくで息を切らしている。日本郵便と書かれたユニフォーム。これはもしかして、と話しかけると案の定、水窪《みさくぼ》の郵便局の方だった。2年前にも私は女性の郵便配達人と話したことがある。小和田駅の最寄りに1軒だけある民家と、徒歩1時間の塩沢集落への手紙は、郵便配達人が電車に乗って、徒歩で届けているのだ。今日は塩沢集落への手紙がなかったので、最寄りのお宅にこの20分の間に走って手紙を届けてきたのだという。2年前に私が歩いた記憶では、その家まで片道20分かかったはず。慣れているとはいえ、往復20分で行ってくるとはまるで飛脚である。隣に一緒に乗っていらした女性は、市役所の職員さん。そのお宅に暮らしている人の元へ、今日は月に1回の訪問に行ってきたのだそうだ。近況をうかがうとこの住人の方は2年前と変わらず、駅までの山道を歩き、電車に乗って食料を買いに行く生活を続けていらっしゃるという。すごいの一言だ。

　この日はいったん、中部天竜《ちゅうぶてんりゅう》まで戻って、ちょっと休憩。その後、さらに飯田線に乗って、今夜の宿泊地、天竜峡へ向かった。ここは古くから景観の良い場所として有名で、昭和初期にはたくさんの観光客が訪れた場所だ。私の亡くなった

天竜川に架かる中部（なかっぺ）橋は徒歩専用の吊り橋。中部天竜駅と国道473号をつなぐ生活橋でもある

黄色いペンキで貨物ホーム跡に書かれた「国鉄バス」の文字

対岸に渡ったかと思うとすぐもとの
岸に戻ってしまう「渡らずの鉄橋」
は必見の車窓スポットだ

列車はゆっくり
右カーブを描いて
何事もなかったかように
元の岸に戻った。

祖母は長野の生まれで、戦前、家族で天竜峡に遊びに来たことがあると話してくれたことがあった。祖母も当時はきっと鉄道で来たに違いない。当時の天竜峡はどんなにぎわいだったのだろう。温泉でポカポカになった体で布団に入り、夜の静けさの中で昔の天竜峡のことを想像しながら眠りについた。

## 2日目 天竜峡～辰野

### 実は船頭さんも飯田線の利用者

2日目。天竜峡駅すぐの川岸から、「天竜ライン下り」に乗船する。下流の唐笠《からかさ》まで約50分の船旅。船頭の半崎《はんざき》さんに、船の上からしか見られない名勝をたくさん紹介していただく。なかでもすごいのは、天竜峡十勝と呼ばれる自然の岩に掘られた文字。約130年前、書聖と仰がれた書道家の日下部鳴鶴《くさかべめいかく》が、10の特徴的な岩に名前をつけ、その文字を岩に刻んだのだという。何のためにそんなことをしたのかうかがうと、「文字を後世に残したかったからでしょうね」という答えが返ってきた。半崎さんによると、下流にダムができた影響などで、現在の天竜川は当時よりずいぶん水面が上がっているという。それでも見上げるだけでクラクラするような高い場所に、いくつも文字が彫ってある。昔の人の考えることはスケールが大きい。執念とでもいえる作品だ。

船からも、飯田線の線路がチラリと見える。外から見ると、本当に山を縫うように鉄道が通っていることがわかる。半崎さんに、「飯田線はよく利用されます

唐笠港最寄りの唐笠駅は天竜川を望む絶景ステーション

緑がまぶしい絶景を愛でながら天竜川を下る。貸切状態での船旅だった

か」と聞いてみると、「よく使う」とのこと。お住まいが駅のそばなので、ちょっと飲んで帰るときは飯田線の終電に乗るのだという。車でないと行けない場所に住んでいる人にはうらやましがられるそうだ。

ライン下り終点の唐笠港からは、無料のシャトルバスで天竜峡駅まで送っていただく。途中、運転する半崎さんの奥さんは、私たちのために寄り道をしてくださった。飯田線と天竜峡が見下ろせる絶景撮影スポット。電車が通る時間になっていたので、カメラを構えて待つ。車体がトンネルから顔を出した、と思ったその瞬間、トンネルの中に消えていく。一瞬だった。射撃選手のようにシャッターを切りまくるカメラマン。私はボケっとしていて見事に撮り逃してしまった。

## 飯田線撮影の名スポットで下車

天竜峡から先の飯田線は、打って変わってトンネルの少ない区間に入る。天竜峡まではあんなにトンネルがあったのに、天竜峡から先、辰野までは二つだけというから驚きだ。車窓の風景も渓谷ではなく、少し広々とした土地が多くなる。

田切《たぎり》駅で電車を降りる。次のスポットは「飯田線から見える美しい南アルプス」である。狙いをつけていた列車撮影スポットは、田んぼのど真ん中だった。

草のいい香り。青い空に、咲き乱れる様々な花。靴を脱いで裸足になって、それから草に寝そべって、やりたい放題自然を満喫していると、さあ、電車の来る時間。今度は本気で撮ってみようと私も自分のカメラを取り出し、カメラマンに教わりながら南アルプスと飯田線の線路をフレームに収める。しばらくそのまま息をつめて待つと、鉄輪の音を響かせて列車がやってきた。「来ました！」とカメ

Ωカーブを描く田切〜伊那福岡間で鉄道写真に初挑戦。列車の向こうには南アルプスの山々が見える

ラマン。走る列車に向かってシャッターを切る。

うーん！　満足のいく写真ではないけれど、一応画面上に電車を止められた。何よりも、タイミングを誤ると列車を撮り逃してしまうのではないかというスリルがたまらない。はじめての鉄道写真、面白い！

田切から電車に乗り、沢渡《さわんど》で途中下車。今度は「ＪＲ線最急勾配40‰《パーミル》」を探すというミッションだ。沢渡と赤木の間には、ＪＲ全線の中でも最も急な場所があり、線路脇に勾配を示す標識があるのだという。

沢渡から乗ったタクシーの運転手・中山さんは、「線路の一番急なところに行きたいんです」という私たちの不思議なリクエストに応え、車を回してくれた。さらに、通りかかる電車と一緒に写真を撮ろうという私たちを、車を停めて待ってくださった。40‰の急勾配は、目で見てもかなり急だと分かる坂になっていた。それもそのはず、１０００メートル進む間に40メートルも下るのだ。

15分後にやってきた電車を無事写真に撮り、タクシーに戻る。「この先はどこへ行くの」と中山さん。「伊那市でローメンを食べるんです」という私に、「西山が曇ってきたから、これは雨が降るね。気をつけて」と。〝西山〟というのは中央アルプスのこと。このあたりでは、中央アルプスに雲がかかると雨が降る兆《きざ》しだそうだ。

## 伊那市発祥のローメン、元祖の店

伊那市で列車を降りると、本当に雨がぱらつき始めていた。駅前のロータリーを渡ろうとすると、見たことのあるタクシーが。あれ……沢渡駅で別れた中山さ

藤沢川北踏切から望む飯田線最急勾配区間。40‰の下り坂を下りたカーブの先が沢渡駅だ

沢渡〜赤木間にある、ＪＲ線最大の勾配区間。一見平坦な場所だが数値は40‰というから、やはり山岳路線ならではだ

んじゃないですか！　またお会いできるなんて、とちょっと興奮。もう一度お礼を言ってから、小雨の伊那の街を歩く。ローメン発祥の店「萬里《ばんり》」さんへ。

伊那名物のローメンは、麺とキャベツ、羊肉を蒸し煮にしてつくるのだという。見た感じは汁の少ないラーメンのようだけれど、食べる前にソースと酢をひと回し入れるのがおいしく食べるコツ。あとは七味唐辛子やおろしニンニクなど薬味をかけて、自分なりにカスタマイズができる。ローメン初心者の私は、マスターの馬場さんに味つけをお願いしてみた。麺はしっかりしていて、濃いオレンジ色をしている。ひと口いただくと、香ばしい香りにしっかりした食べごたえ。「ローメンは今ではいろいろな店で出していますが、元祖はうちなんですよ。」と馬場さん。お店の横には「ローメン発祥の地」の碑が立っている。

いよいよ、伊那市からおよそ30分で終点の辰野《たつの》に到着。ついに飯田線完乗だ。今日は辰野で「ほたる祭り」が行われているとのことで、駅前はなかなかの賑わいである。ちょうど夕闇が迫ってきて、ホタルも飛び始めるころだろう。

駅前まで出ると「ようこそ!!　ほたるの里辰野町へ」の看板。にぎやかな音楽が流れ、19時過ぎだというのに、商店街に明かりがついている。まずは駅前で飯田線完乗の記念写真！　そして少しだけ、年に一度の祭りにわく商店街を歩いてみた。

（取材　2014年6月）

「萬里」の厨房のそばにはオオスズメバチやマムシなど精がつきそうなお酒が並ぶ

伊奈の郷土料理として定着した「萬里」のローメン。スープの味は自分好みにカスタマイズできる

# 飯田線全94駅図鑑

START

①
## 豊橋《とよはし》

開業日
1888（明治21）年9月1日
一日の乗車客数
26,138人（2012年11月末）

1.5km

⑤
## 牛久保《うしくぼ》

開業日
1897（明治30）年7月15日
一日の乗車客数
799人（2012年11月末）

2.1km

⑥
## 豊川《とよかわ》

開業日
1897（明治30）年7月15日
一日の乗車客数
3062人（2012年11月末）

3.3km

⑦
## 三河一宮《みかわいちのみや》

開業日
1897（明治30）年7月22日
一日の乗車客数
809人（2012年11月末）

2.4km

⑪
## 野田城《のだじょう》

開業日
1918（大正7）年1月11日
一日の乗車客数
149人（2012年11月末）

1.9km

⑫
## 新城《しんしろ》

開業日
1898（明治31）年4月25日
一日の乗車客数
739人（2012年11月末）

1.0km

⑬
## 東新町《ひがししんまち》

開業日
1914（大正）3年1月1日
一日の乗車客数
559人（2012年11月末）

1.2km

⑰
## 鳥居《とりい》

開業日
1923（大正12）年2月1日
一日の乗車客数
35人（2012年11月末）

1.5km

⑱
## 長篠城《ながしのじょう》

開業日
1924（大正13）年4月1日
一日の乗車客数
68人（2012年11月末）

1.3km

⑲
## 本長篠《ほんながしの》

開業日
1923（大正12）年2月1日
一日の乗車客数
372人（2012年11月末）

3.5km

2.2km

4

## 小坂井《こざかい》

開業日
1898（明治31）年3月31日
一日の乗車客数
410人（2012年11月末）

1.5km

3

## 下地《しもじ》

開業日
1925年（大正14年）12月23日
一日の乗車客数
168人（2012年3月末）

0.7km

2

## 船町《ふなまち》

開業日
1927（昭和2）年6月1日
一日の乗車客数
175人（2012年3月末）

2.7km

10

## 東上《とうじょう》

開業日
1898（明治31）年4月25日
一日の乗車客数
149人（2012年11月末）

1.6km

9

## 江島《えじま》

開業日
1926（大正15）年11月10日
一日の乗車客数
94人（2012年11月末）

1.0km

8

## 長山《ながやま》

開業日
1899（明治32）年10月19日
一日の乗車客数
203人（2012年11月末）

1.4km

16

## 大海《おおみ》

開業日
1900（明治33）年9月23日
一日の乗車客数
138人（2012年11月末）

2.9km

15

## 三河東郷《みかわとうごう》

開業日
1900（明治33）年12月15日
一日の乗車客数
63人（2012年11月末）

1.2km

14

## 茶臼山《ちゃうすやま》

開業日
1926（大正）15年5月1日
一日の乗車客数
340人（2012年11月末）

2.3km

22

## 三河槙原《みかわまきはら》

開業日
1923（大正12）年2月1日
一日の乗車客数
38人（2012年11月末）

2.6km

21

## 湯谷温泉《ゆやおんせん》

開業日
1923（大正12）年2月1日
一日の乗車客数
95人（2012年11月末）

2.4km

20

## 三河大野《みかわおおの》

開業日
1923（大正12）年2月1日
一日の乗車客数
163人（2012年11月末）

1.1km

## 25 池場《いけば》

開業日
1936（昭和11）年11月2日

一日の乗車客数
3人（2012年11月末）

4.9km

## 24 三河川合《みかわかわい》

開業日
1923（大正12）年2月1日

一日の乗車客数
46人（2012年11月末）

2.3km

## 23 柿平《かきだいら》

開業日
1929（昭和4）年5月5日

一日の乗車客数
7人（2012年11月末）

2.5km

## 31 下川合《しもかわい》

開業日
1934（昭和9）年11月11日

一日の乗車客数
26人（2012年11月末）

1.4km

## 30 早瀬《はやせ》

開業日
1935（昭和10）年5月1日

一日の乗車客数
12人（2012年11月末）

1.2km

## 29 浦川《うらかわ》

開業日
1934（昭和9）年11月11日

一日の乗車客数
94人（2012年11月末）

6.5km

## 37 水窪《みさくぼ》

開業日
1955（昭和30）年11月11日

一日の乗車客数
86人（2013年5月末）

1.0km

## 36 向市場《むかいちば》

開業日
1955（昭和30）年11月11日

一日の乗車客数
12人（2013年5月末）

2.8km

## 35 城西《しろにし》

開業日
1955（昭和30）年11月11日

一日の乗車客数
42人（2013年5月末）

4.7km

## 43 平岡《ひらおか》

開業日
1936（昭和11）年4月26日

一日の乗車客数
102人（2010年度）

2.1km

## 42 鶯巣《うぐす》

開業日
1936（昭和11）年12月30日

一日の乗車客数
2人（2013年5月末）

1.6km

## 41 伊那小沢《いなこざわ》

開業日
1936（昭和11）年12月30日

一日の乗車客数
4人（2013年5月末）

## 26 東栄《とうえい》

開業日
1933（昭和8）年12月21日

一日の乗車客数
167人（1999年）

4.2km

## 27 出馬《いずんま》

開業日
1934（昭和9）年11月11日

一日の乗車客数
6人（2012年11月末）

0.6km

## 28 上市場《かみいちば》

開業日
1935（昭和10）年6月12日

一日の乗車客数
11人（2012年11月末）

0.7km

## 32 中部天竜《ちゅうぶてんりゅう》

開業日
1934（昭和9）年11月11日

一日の乗車客数
228人（2012年11月末）

2.3km

## 33 佐久間《さくま》

開業日
1936（昭和11）年11月10日

一日の乗車客数
15人（2013年5月末）

5.0km

## 34 相月《あいづき》

開業日
1955（昭和30）年11月11日

一日の乗車客数
8人（2013年5月末）

2.0km

## 38 大嵐《おおぞれ》

開業日
1936（昭和11）年12月29日

一日の乗車客数
34人（2013年5月末）

3.0km

## 39 小和田《こわだ》

開業日
1936（昭和11）年12月30日

一日の乗車客数
6人（2013年5月末）

4.0km

## 40 中井侍《なかいさむらい》

開業日
1936（昭和11）年12月30日

一日の乗車客数
7人（2007年）

2.3km

## 44 為栗《してぐり》

開業日
1936（昭和11）年8月19日

一日の乗車客数
6人（2010年度）

3.7km

## 45 温田《ぬくた》

開業日
1935（昭和10）年11月15日

一日の乗車客数
256人（2010年度）

2.0km

## 46 田本《たもと》

開業日
1935（昭和10）年11月15日

一日の乗車客数
2人（2010年度）

3.7km

## 47 門島《かどしま》

開業日
1932（昭和7）年10月30日

一日の乗車客数
16人（2010年度）

3.4km

## 48 唐笠《からかさ》

開業日
1932（昭和7）年10月30日

一日の乗車客数
62人（2010年度）

2.3km

## 49 金野《きんの》

開業日
1932（昭和7）年10月30日

一日の乗車客数
1人（2010年度）

1.2km

## 53 時又《ときまた》

開業日
1927（昭和2）年12月26日

一日の乗車客数
111人（2010年度）

1.8km

## 54 駄科《だしな》

開業日
1927（昭和2）年4月8日

一日の乗車客数
154人（2010年度）

1.4km

## 55 毛賀《けが》

開業日
1927（昭和2）年2月5日

一日の乗車客数
114人（2010年度）

1.1km

## 59 切石《きりいし》

開業日
1926（大正15）年12月17日

一日の乗車客数
169人（2010年度）

1.6km

## 60 飯田《いいだ》

開業日
1923（大正12）年8月3日

一日の乗車客数
1006人（2010年度）

0.8km

## 61 桜町《さくらまち》

開業日
1923（大正12）年8月3日

一日の乗車客数
89人（2010年度）

1.0km

## 65 市田《いちだ》

開業日
1923（大正12）年3月13日

一日の乗車客数
406人（2007年度）

2.7km

## 66 下平《しもだいら》

開業日
1923（大正12）年3月13日

一日の乗車客数
97人（2007年度）

1.0km

## 67 山吹《やまぶき》

開業日
1923（大正12）年1月15日

一日の乗車客数
75人（2007年度）

2.6km

1.8km

## 52 川路《かわじ》

開業日
1927（昭和2）年12月26日

一日の乗車客数
66人（2010年度）

1.3km

## 51 天竜峡《てんりゅうきょう》

開業日
1927（昭和2）年12月26日

一日の乗車客数
317人（2010年度）

1.4km

## 50 千代《ちよ》

開業日
1932（昭和7）年10月30日

一日の乗車客数
3人（2010年度）

2.0km

## 58 鼎《かなえ》

開業日
1926（大正15）年12月17日

一日の乗車客数
512人（2010年度）

1.0km

## 57 下山村《しもやまむら》

開業日
1926（大正15）年12月17日

一日の乗車客数
38人（2010年度）

1.1km

## 56 伊那八幡《いなやわた》

開業日
1926（大正15）年12月17日

一日の乗車客数
200人（2010年度）

1.2km

## 64 下市田《しもいちだ》

開業日
1923（大正12）年3月18日

一日の乗車客数
60人（2007年度）

1.8km

## 63 元善光寺《もとぜんこうじ》

開業日
1923（大正12）年8月3日

一日の乗車客数
437人（2010年度）

2.7km

## 62 伊那上郷《いなかみさと》

開業日
1923（大正12）年8月3日

一日の乗車客数
687人（2010年度）

2.5km

## 70 伊那田島《いなたじま》

開業日
1920（大正7）9年11月22日

一日の乗車客数
27人（2007年度）

1.3km

## 69 上片桐《かみかたぎり》

開業日
1920（大正9）年11月22日

一日の乗車客数
405人（2007年度）

3.8km

## 68 伊那大島《いなおおしま》

開業日
1922（大正11）年7月13日

一日の乗車客数
501人（2007年度）

2.8km

## 73 伊那本郷《いなほんごう》

開業日
1918（大正7）年7月23日

一日の乗車客数
38人（2007年度）

2.8km

## 72 七久保《ななくぼ》

開業日
1918（大正7）年7月23日

一日の乗車客数
251人（2007年度）

1.6km

## 71 高遠原《たかとおばら》

開業日
1918（大正7）年12月12日

一日の乗車客数
46人（2007年度）

2.1km

## 79 大田切《おおたぎり》

開業日
1946（昭和21）年9月1日

一日の乗車客数
59人（2009年度）

1.4km

## 78 駒ケ根《こまがね》

開業日
1914（大正3）年10月31日

一日の乗車客数
544人（2009年度）

1.2km

## 77 小町屋《こまちや》

開業日
1914（大正3）年12月26日

一日の乗車客数
708人（2009年度）

2.1km

## 85 伊那北《いなきた》

開業日
1912（明治45）年1月4日

一日の乗車客数
1081人（2010年度）

0.9km

## 84 伊那市《いなし》

開業日
1912（明治45）年5月14日

一日の乗車客数
1219人（2010年度）

3.5km

## 83 下島《しもじま》

開業日
1913（大正2）年12月27日

一日の乗車客数
90人（2010年度）

1.8km

## 91 羽場《はば》

開業日
1923（大正12）年3月16日

一日の乗車客数
176人（2007年度）

1.9km

## 90 沢《さわ》

開業日
1923（大正12）年3月16日

一日の乗車客数
314人（2007年度）

2.6km

## 89 伊那松島《いなまつしま》

開業日
1923（大正12）年3月16日

一日の乗車客数
594人（2007年度）

# 全94駅図鑑

74
## 飯島《いいじま》

開業日
1918（大正7）年2月11日
一日の乗車客数
344人（2007年度）

2.2km

75
## 田切《たぎり》

開業日
1918（大正7）年2月11日
一日の乗車客数
53人（2007年度）

2.8km

76
## 伊那福岡《いなふくおか》

開業日
1914（大正3）年12月26日
一日の乗車客数
289人（2009年度）

1.5km

80
## 宮田《みやだ》

開業日
1913（大正2）年12月27日
一日の乗車客数
335人（2007年度）

1.3km

81
## 赤木《あかぎ》

開業日
1913（大正2）年12月27日
一日の乗車客数
47人（2010年度）

3.0km

82
## 沢渡《さわんど》

開業日
1913（大正2）年12月27日
一日の乗車客数
516人（2010年度）

1.1km

86
## 田畑《たばた》

開業日
1923（大正12）年12月1日
一日の乗車客数
137人（2007年度）

2.2km

87
## 北殿《きたとの》

開業日
1911（明治44）年11月3日
一日の乗車客数
296人（2007年度）

2.4km

88
## 木ノ下《きのした》

開業日
1911（明治44）年2月22日
一日の乗車客数
416人（2007年度）

1.5km

92
## 伊那新町《いなしんまち》

開業日
1923（大正12）年4月20日
一日の乗車客数
87人（2007年度）

1.2km

93
## 宮木《みやき》

開業日
1923（大正12）年7月24日
一日の乗車客数
593人（2007年度）

1.1km

94
## 辰野《たつの》

開業日
1906（明治39）年6月11日
一日の乗車客数
562人（2013年5月末）

GOAL

# 飯田線線路縦断面図

MAP ①

## 豊橋 ～ 三河川合

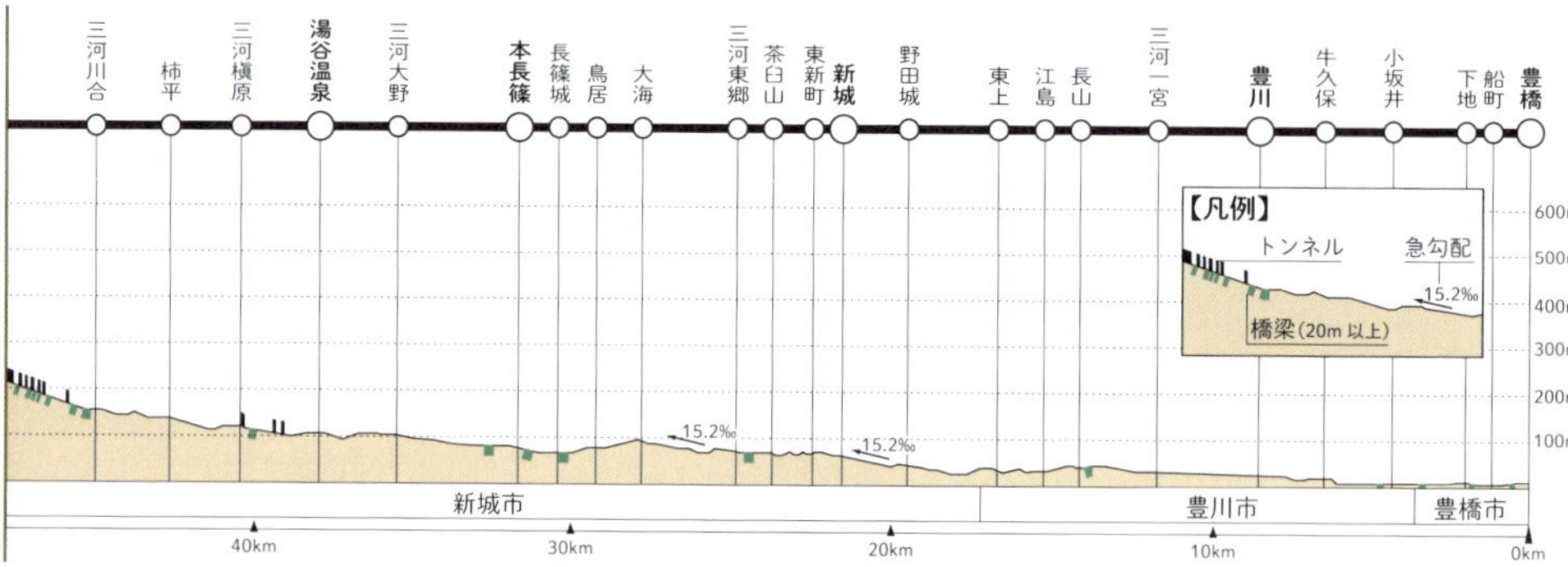


MAP ③

## 為栗 ～ 上片桐

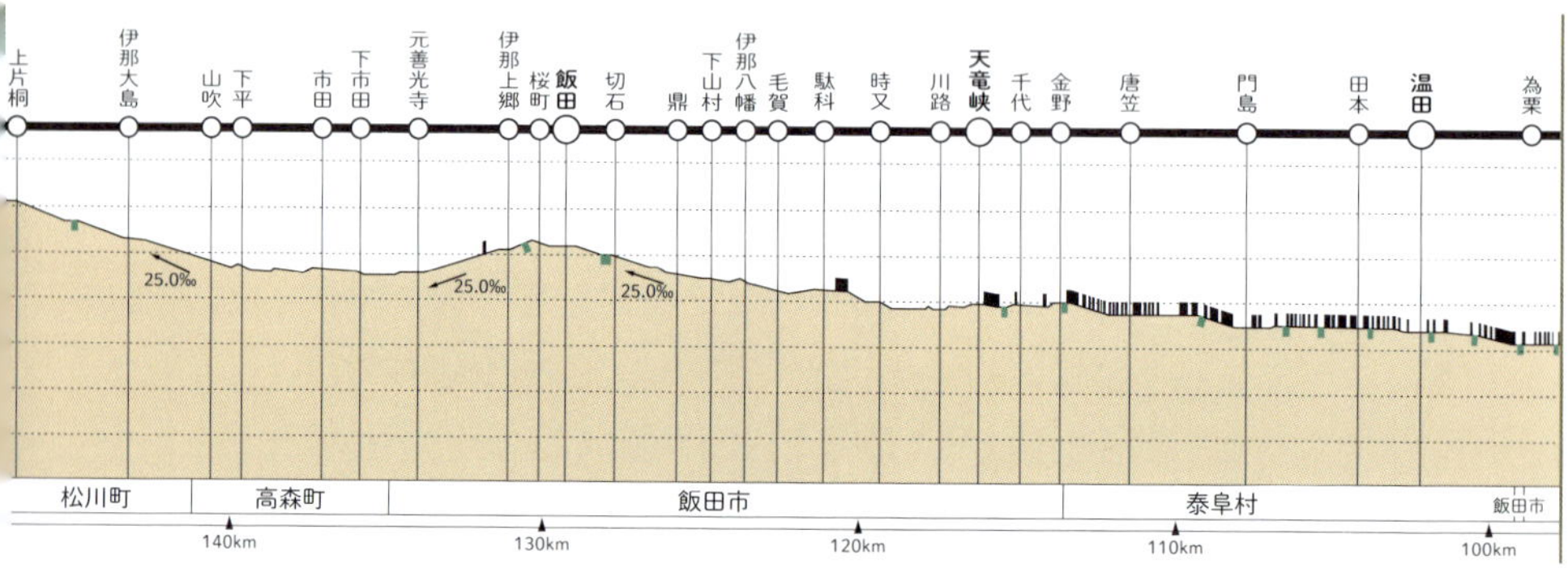

MAP
②

## 池場～平岡

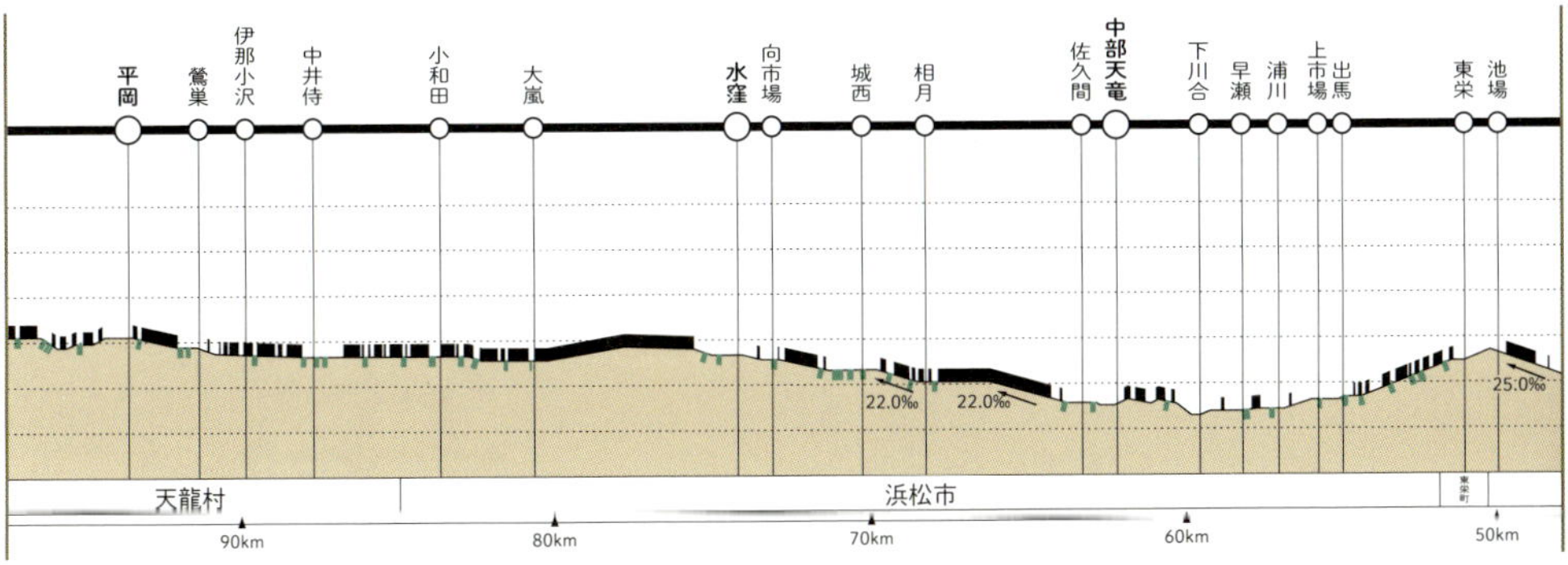


MAP
④

## 伊那田島～辰野

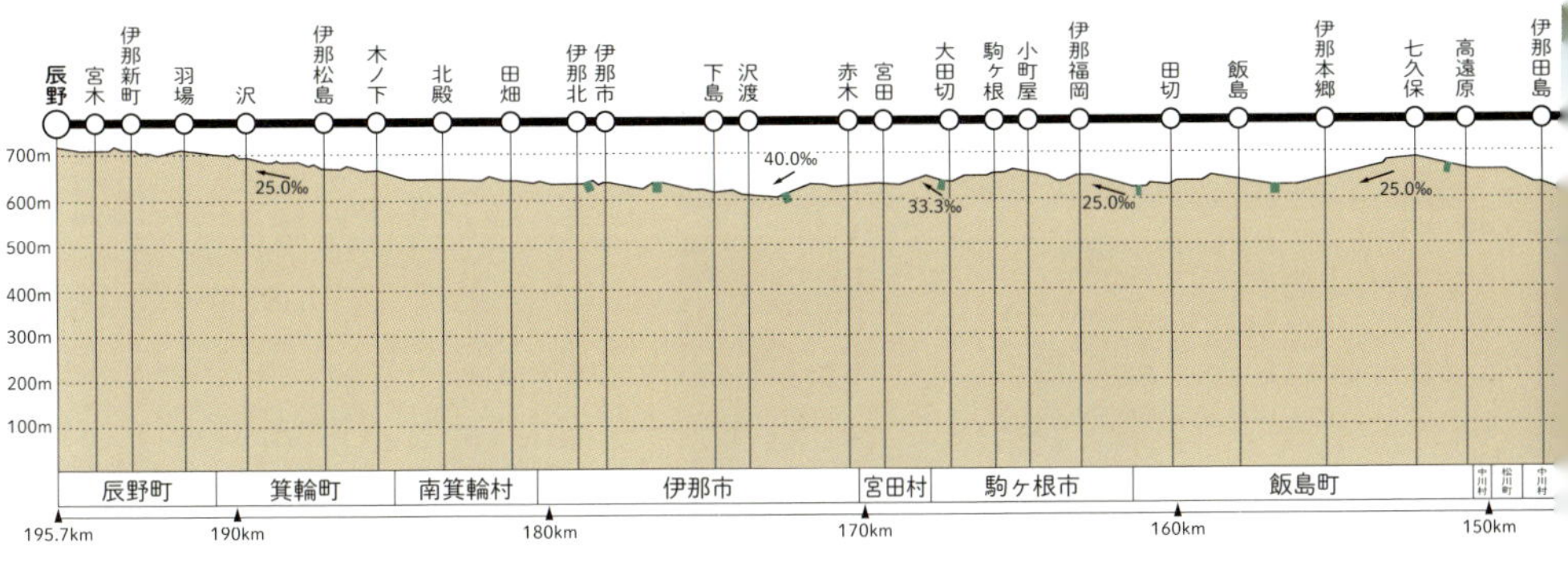

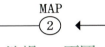

三河と信州をつなぐ山岳路線として難工事の末に全通した長大路線

# 飯田線120年史

文 小倉沙耶

1897(明治30)年に前身となる私鉄が開業して以来、実に120年の歴史を持つ飯田線。山岳エリアでの難工事を乗り越えて全通、そして戦時国有化による国鉄統合など、その波乱に満ちた歩みを振り返る。

## 戦前の4つの私鉄が一本化されて誕生した飯田線

JR飯田線は、愛知県の豊橋駅から長野県の辰野駅を結ぶ地方交通線だ。地方交通線というと、路線長に対して駅数が少ないイメージがあるが、飯田線は195・7kmという長さに対して94という駅数を有している。この駅間距離を平均すると2・1kmとなり、市街地路線にも匹敵する。これには、飯田線の成り立ちが大きく関係している。元々、(豊橋側から)豊川鉄道、鳳来寺鉄道、三信鉄道、伊《い》那《な》電気鉄道という4つの私鉄が結んでいた路線を、戦時中に行われた改正陸運統制令により国鉄が買収したことで誕生したのが、飯田線だからだ。

豊橋~長篠《ながしの》(現・大海《おおみ》)を結んでいた豊川鉄道は、豊川稲荷への

上/豊川鉄道の終着駅として開業した豊川駅
下/1943(昭和18)年の豊川駅前商店街

写真提供/朝日新聞社

参拝客を見込んで鉄道施設を請願した路線であったが、同区間建設の競願者が現れたため、対抗として最終的に長篠駅までの敷設を請願することとなった。現在の飯田線を構成する最初の区間は1897（明治30）年に開通した豊橋から豊川までの約8・7㎞だった。その後延伸を繰り返し、1900（明治33）年に長篠駅までが全通した。

長篠駅から三河川合駅までの路線を結んでいた鳳来寺鉄道は、豊川鉄道が敷設を申請し仮免状が交付されたものの、実現せず返納した区間を、別会社として改めて申請・敷設した路線である。株主や資本金の関係から豊川鉄道とは密接なつながりがあり、23（大正12）年に鳳来寺鉄道が全通した後は直通運転を行ったほか、両社が同日に全線電化を果たすなどしていた。

一方、長野方の終点である辰野から天竜峡駅までは、伊那電気鉄道が結んでいた。伊那電気鉄道は長野県最初の私鉄であり、中央本線誘致に失敗した伊那谷の有力者たちが、自力での鉄道建設を考え、敷設を請願したことにより誕生した。電力系の地元有力者の賛同を集め、開業に向け株式の募集を始めたが、不況により募集は難航。一度は計画が頓挫する。10年後の1907（明治40）年にようやく伊那電気軌道（後の伊那電気鉄道）を設立し、軌道規格で09（明治42）年に辰野〜松島（現・伊那松島）間を開業。延伸を繰り返した。天竜峡まで全通したのは、27（昭和2）年のことである。

佐久間ダム建設による路線付け替え工事より完成した大原トンネル開通の日

三信鉄道を測量したアイヌ人測量士、川村カ子ト

佐久間ダムに水没した旧線のトンネルが右手に見える

そして飯田線で最後に開通したのが、三信鉄道が建設した三河川合～天竜峡間である。三信鉄道は豊橋から辰野までを一本化する目的で設立され、前述した鉄道会社3社と地元の大手電力会社である東邦電力が協力し計画が進められた。のちに一部区間で競合していた天竜川電力も加わり、27（昭和2）年に敷設免許が交付された。

## 路線開通に捧げられたさまざまな人々の尽力

飯田線の歴史を語る上で欠かすことができないのが、三信鉄道敷設に尽力した川村カ子ト《かわむらかねと》と熊谷三太郎《くまがいさんたろう》だ。アイヌ民族の測量士である川村カ子トは山地での測量技術に長けており、三信鉄道に招聘されてその手腕をふるった。また、当時飛島《とびしま》組の社員だった熊谷三太郎は、一番の難工事といわれた大嵐～小和田間において、工費を自分で工面するなどの熱意をもって工事にあたった。彼らの力により1937（昭和12）年に三信鉄道が全通。40年をかけて、三河と信州がレールで繋がった。

その後、熊谷三太郎はこの実績により、独立して熊谷組を創設した。熊谷組はトンネル工事において非常に高い技術力をもつ会社である。その嚆矢《こうし》は飯田線の隧道《ずいどう》建設にあったといっても過言ではないだろう。

## 飯田線年表

**1897（明治30）年7月15日**
豊川鉄道の豊橋～豊川間が開業。以後、順次延伸

**1900（明治33）年9月23日**
新城～大海間が延伸開業し
豊川鉄道の豊橋～長篠（現・大海）間が全通

**1909（明治42）年12月28日**
伊那電車軌道の辰野～松島（現・伊那松島）間が開業。
以後、順次延伸

**1916（大正5）年11月23日**
辰野～西町（廃止）間が開業し、国鉄辰野駅に乗り入れ開始

**1919（大正8）年8月20日**
伊那電気軌道が伊那電気鉄道に改称

**1923（大正12）年2月1日**
鳳来寺鉄道の長篠～三河川合間が開業。
以後、順次延伸

**1927（昭和2）年12月26日**
伊那電気鉄道の駄科～天竜峡間が開業し、
天竜峡～辰野間が全通

**1932（昭和7）年10月30日**
三信鉄道の天竜峡～門島間が開業。以後順次延伸

**1935（昭和10）年5月24日**
三信鉄道・佐久間駅を中部天竜に改称

**1936（昭和11）年12月29日**
三信鉄道の天龍山室～大嵐間が開業。
翌30日、満島（現・平岡）～小和田間が開業

**1937（昭和12）年8月20日**
三信鉄道の大嵐～小和田間が開業し、
三信鉄道が全通。現在の飯田線全線がそろう

**1943（昭和18）年8月1日**
伊那電気鉄道と三信鉄道、鳳来寺鉄道、
豊川鉄道が買収により国有化され飯田線となる

**1951（昭和26）年8月1日**
平岡ダム建設にともない、満島～為栗間をルート変更

**1955（昭和30）年11月11日**

## 全通後もダム建設の度に線路移設が続く

太平洋戦争中の1943（昭和18）年に、国鉄により4社の路線はすべて買収された。その後、平岡ダム建設にともない51（昭和26）年に満島（現・平岡）〜為栗間を、55（昭和30）年には佐久間《さくま》ダム建設に伴い、佐久間〜大嵐間の経路を変更した。特に佐久間ダム建設における線路の付け替えはふたたび難工事となり、結果として「渡らずの鉄橋」とも呼ばれる第六水窪川橋梁が誕生した。川上を対岸に近い場所まで進み、そこから迂回して戻る風変わりな橋は、今も飯田線の名物として知られている。

87（昭和62）年、国鉄民営化により飯田線はJR東海へと継承された。その翌年には、長らく運行されていた急行列車がすべて廃止となり、飯田線内は普通・快速のみが走行することとなった。しかし、90（平成2）年に誕生した飯田支所の働きかけにより、92（平成4）年、豊橋〜飯田間に臨時急行「伊那路」が新設。4年後の96（平成8）年には悲願の定期特急化を果たす。2013（平成25）年9月には台風18号の影響により数カ所において路盤の流出などが発生し、水窪〜飯田間が不通となったが、約2カ月で復旧を果たした。

2017（平成29）年8月20日に全通から80年を迎えた飯田線。難工事の末に誕生した路線は、たくさんの人々に親しまれている。

佐久間ダム建設に伴い、佐久間〜大嵐間をルート変更。
旧ルート上の豊根と天龍山室、白神駅が廃止

**1961（昭和36）年3月1日**
準急「伊那」（名古屋〜辰野間）を新設

**1963（昭和38）年6月1日**
10月1日　準急「天竜」を新設（新宿〜天竜峡間）
準急「赤石」（新宿〜飯田間）を新設

**1965（昭和40）年10月1日**
「伊那」に80系を充当

**1966（昭和41）年3月5日**
「伊那」「天竜」「赤石」を急行に昇格

**1972（昭和47）年3月15日**
急行「伊那」に165系を充当

**1982（昭和57）年6月13日**
鶯巣〜平岡間の一部をトンネル新線に切換え

**1983（昭和58）年2月14日**
119系電車がデビュー。

**2月24日**
80系の運用が終了。
飯田〜辰野間にCTCが導入される

**6月30日**
旧型国電が撤退

**7月5日**
急行「伊那」を廃止、
急行「天竜」の松本以南が快速となる

**1984（昭和59）年2月24日**
豊橋〜飯田間がCTC化（全線導入完了）

**1987（昭和62）年3月28日**
「トロッコファミリー号」がデビュー

**1992（平成4）年12月29日**
臨時急行「伊那路」を新設
（豊橋〜飯田間。1996年3月16日から定期特急）

**1996（平成8）年9月30日**
元善光寺〜辰野間の貨物列車が廃止

**2001（平成13）年4月1日**
天竜峡〜時又間をルート変更

**2011（平成23）年11月27日**
213系5000番台電車を導入

**2012（平成24）年3月31日**
119系電車が引退

古くから車両王国だった、魅惑の車両史を紐解く

# 飯田線を駆けた懐かしの車両たち

文 伊原 薫

国有化後もしばらくは前身会社の車両が活躍、国鉄車両が導入されてからは飯田線の特性に応じた車両群が次々と誕生。他線で活躍した名車両たちが余生を送る場としても注目され、時代を経て歴史的車両の復活運転も人気を博してきた。

## 旧型国鉄車両

### 人気を呼んだ個性的車両群

飯田線は、４社の私鉄が戦時国有化されたことから、戦後しばらくの間も各社の車両が運用されていた。

飯田線の省線電車への置き換えが始まったのは１９５０年代に入ってから。大半はモハ32形やモハ42形を中心にした2扉クロスシート車であったが、一部は17ｍ３扉ロングシート車も配置され、バラエティに富んだ編成が見られた。とくにレールファンの人気を集めたのは「流電」の愛称で知られるモハ52形で、関西地区で急行電車として活躍ののち、１９５７（昭和32）年に飯田線へ転入。半流線形クモハ53形とともに、飯田線の看板車両として親しまれた。

また飯田線は沿線の荷物・郵便輸送としても重要な役割を担っていたため、専用車両や合造車も多く在籍。クモハユニ６４０００など、特徴的な車両も見られた。

こうした旧型電車は次第に淘汰《とうた》されていったものの、１１９系が導入されたのちの83（昭和58）年に引退するまで、北部を中心に最後の活躍を続けた。

80系（湘南電車） 湘南電車80系は、オリジナル色のまま飯田線に導入された

撮影／牧野和人

# 119系

## 飯田線特化車として活躍

飯田線の車両近代化の嚆矢となったのは、1978（昭和53）年の80系導入だった。その後、短い駅間距離や山岳区間と市街地をエリアとする飯田線特有の事情に特化した車両として、82（昭和57）年に119系が誕生した。

　山岳区間に対応するため、抑速ブレーキやノッチ戻し機能を装備。2両単位の短編成運用に対応し、後年には単行運転も見られた。また、長距離乗車する利用客も多いことや、観光路線的な側面を考慮して、車内はセミクロスシートが採用された。

　119系は、そのコンセプトの通り長らく飯田線の「主《ぬし》」として活躍し、2012（平成24）年に全車が引退。一部車両は改造の上、えちぜん鉄道で第2の人生を送っている。

119系　中央アルプスの山々を背景に119系電車が快走。飯田線の顔ともいえる形式だった

# 165系

## 急行型直流電車の代名詞

国鉄を代表する直流用急行型電車だった165系は、急行「赤石《あかいし》」（当初の飯田線内は準急）に使用されていたキハ58系を置き換える形で1965（昭和40）年から運用を開始（のちに「こまがね」へ愛称変更）。80系急行「伊那」の置き換えとしても運転されるようになった。また、急行「天竜」にも投入され、新宿・長野と飯田方面とを結ぶ優等列車として重要な役割を担ってきた。その後、急行が削減されるなかでも活躍を続けたが、98（平成10）年に115系へ置き換えられた。

　これら優等列車運用とは別に、老朽化した80系の置換用として82（昭和57）年より普通列車にも充当。こちらは119系にバトンを譲る形で91（平成3）年に引退した。

上／165系　かつて急行型直流電車の標準的存在だった165系は、飯田線内でも急行「伊那路」などで活躍していた　下／急行「伊那路」は1992から96年まで運転された

# 電気機関車

飯田線は沿線物資輸送の役割も大きく、貨物列車が設定されていた。当初は戦前製の電気機関車が牽引していたが、老朽化を機にED62形が開発された。同機はED61形を改造したもので、線路規格の低い飯田線に合わせて中間台車増設などの仕様変更が施された。しかし、貨物輸送の縮小にともなう転属や廃車が進み、2002（平成14）年までに全機が廃車となった。

一方、豊橋～中部天竜間では1987（昭和62）年に「トロッコファミリー号」が登場。当初はDE10形ディーゼル機関車が牽引したが、のちにEF58形・ED18形へと変更。戦前製の機関車が牽引することでも人気を集めたが、車両の老朽化などにともない2006（平成18）年に運転を終了した。

## 独自車両も導入

現在、ED18形2号機とEF58形157号機が「リニア・鉄道館」に保存されている。

上／ED62形　タンク車を従えたED62形電気機関車は飯田線仕様だった
下／EF58形　「トロッコファミリー号」で復活したEF58形は多くの鉄道ファンを魅了した

# クモハ12形

飯田線での旧型国電の歴史は1983（昭和58）年に幕を閉じたが、その後も事業用車としてクモヤ22形が豊橋機関区に残り、工場内の入換用などとして余生を送っていた。このうち1両をイベント用車両として復活させることになり、国鉄民営化直前の1987（昭和62）年3月にクモヤ22112がクモハ12041として登場した。事業用車化に際して両側に運転台を増設していたため、前面はHゴム窓や埋め込み式ヘッドライトと近代的な雰囲気だが、側面はリベットやシル・ヘッダーなど戦前製車両の面影を残していた。車内も旅客車両時代のシートがそのまま存置されていたため、吊り革などの再整備にとどまっている。

## ゲタ電のノスタルジー

復活後は団体貸切列車やイベント列車として活躍したが、2002（平成14）年に廃車。「リニア・鉄道館」の開業に合わせて同館に収容され、現在も展示されている。

クモハ12形（ゲタ電）　渓谷沿いをゆく単行の旧型電車は、飯田線らしい風景だった

# 第2章

# 今こそ行くべき秘境駅

Hikyou Eki no Nazo

秘境駅の命ははかない。
利用する人がいないということは、
駅がなくなっても
だれも困らないということ。
つまり、いつ廃止が発表されても
おかしくない駅の数々が秘境駅だ。
だからこそ、命ある今のうちに
行っておきたい秘境駅へと案内しよう。

秘境駅訪問家・牛山隆信氏が推薦する

# 今こそ行くべき秘境駅

ＪＲ北海道では1日平均の利用者数が1人以下の無人駅を中心に順次廃止が進められており、ＪＲ西日本も来春に三江《さんこう》線の廃止が予定されている。これにともない廃止が見込まれている秘境駅から、秘境駅訪問家・牛山隆信氏が「今こそ行くべき」と推薦する５つの駅を紹介する。

第1位

## 古《ふる》瀬《せ》駅

根室本線（北海道）

### 信号場職員の家族が利用したが無人化で官舎も乗降客も失われる

古瀬駅は１９５４（昭和29）年、音別《おんべつ》～白糠《しらぬか》間に信号場として開設された。のちに仮乗降場から駅に昇格した。当初は20戸ほどの官舎が周辺に建っていたが、信号場の無人化にともなって撤去された。唯一、片流れ屋根・モルタル造りの2階建て詰所のみが、かつての姿をとどめる。

構成／編集部　写真／牛山隆信

多くの貨物列車が行き交った幹線の信号場らしく、構内の離合設備は長くとられている。ただし、板張りのホームは上り下り用とも2両分ほどしかなく、構内踏切を挟んで千鳥状に配置されている。1日あたりの停車列車は上下合わせて7本のみ。その合間に特急「スーパーおおぞら」が計12本通過していき、普通列車さえ計10本が通過する。太平洋の海岸ぞいに位置するが、線路は海主来沼《ばしくる》の湿地を避けるために内陸部に入り、周辺は木々に囲まれている。駅前の未舗装道路を走るクルマもほとんどなく、列車の到着・通過時以外は静寂に包まれている。

古瀬駅 DATA

所在地：北海道白糠町
開業年：1954（昭和29）年
主要駅からの所要時間：釧路から約1時間
停車本数：7本

右／駅構内は長く、ホームは千鳥状に配置される　左上／駅前は舗装された道路もなく、保線職員の詰所があるのみ　左下／上下7本の列車の時刻が記された駅時刻表

第2位

# 北《ほく》星《せい》駅

宗谷本線（北海道）

**赤いホーロー看板がよく目立つ隣の智東駅は一足早く廃止に**

北星駅は1959（昭和34）年、旅客専用駅として1面1線のホームが開設された。開設時から無人駅で、小さな木造駅舎は、線路の北側に15mほど離れて設けられている。赤地に白文字の「毛織の☆北紡」のホーロー看板がトレードマークで、赤いトタン屋根とともによく目立

上・右下／赤いトタン屋根が特徴的な木造駅舎と駅舎内　左下／駅名標の右下部には日進と書かれたシートが貼られている　左／板張りのホームは短く、長さは気動車1両分にも満たない

つ。

駅舎といっても規模は小さく、待合所と呼ぶのがふさわしい。木製のホームから稚内寄り（北側）にスロープが設けられていて、砂利が敷かれた通路経由で中に入ると、木の香りが鼻をつく。薄いガラス張りの窓枠もつくりつけのいすも木製。板壁には節《ふし》が目立っている。床はコンクリート製だが、あちこちがひび割れている。寒冷地の駅らしく、プラスチック製の雪かきが立てかけられている。

名寄寄りの隣駅だった智東《ちとう》は２００６（平成18）年に廃止された。16（平成28）年10月にはＪＲ北海道が北星駅の廃止の意向を示している。

**北星駅 DATA**

所在地：北海道名寄市
開業年：1959（昭和34）年
主要駅からの所要時間：旭川から約2時間5分
停車本数：8本

今こそ行くべき秘境駅

第3位

# 初《はっ》田《た》牛《うし》駅

根室本線（北海道）

開拓農民の離農により原野化
駅の住所は「小字鉄道用地」

初田牛駅は1920（大正9）年、有人駅として開業した。周辺は開拓地で、多くの入植者の利用で駅もにぎわっていた。ところが、土壌が泥炭地だったうえに霧に包まれる日が多いこともあり、耕作には適さなかった。そのため、離農者が続出し、農地は原野に姿を変えた。71（昭

和46）年には無人化とともに貨物・荷物取り扱いも廃止された。駅の住所は「根室市大字《おおあざ》初田牛小字《こあざ》鉄道用地」という。それだけ周辺に何もなかったことの証となっている。周辺には生木の鳥居が立つ神社のほか、あちらこちらに住宅跡のコンクリート土台が散らばるばかりで、草に覆われた平地が続いている。釧路寄りの隣駅・厚床《あっとこ》までは7・1km、根室寄りの別当賀《べっとが》までは8・1km離れており、ホームからどちらの方向を向いても、人工物は何も見当たらない。

初田牛駅 DATA

所在地：北海道根室市
開業年：1920（大正9）年
主要駅からの所要時間：釧路から約1時間50分
停車本数：8本

右／砂利が敷き詰められた土盛りのホームが特徴的な初田牛駅
上／霧に包まれた林の中から姿を現した駅待合室　下／待合室内にはカラフルなベンチが置かれている

文
植村誠

# 今、行きたい！絶景秘境路線 Best 10

魅惑の秘境路線をピックアップ。ここでは、全国各地の路線からひときわ秘境的要素の多い区間を選び、運転本数や沿線人口などに車窓や周辺環境などを加味しつつ、その秘境度をランキングしてみた。

### What's Best 10

秘境路線の総合評価は次の5項目から集計した。列車本数（該当区間内を走る列車本数の少なさ）、秘境沿線環境（周辺道路が未整備、代替公共交通機関利用が困難）、秘境的車窓（車内から見られる絶景や景観など）、沿線人口（沿線人口の少なさ）、駅密度（区間内の駅密度の低さ）

## 第1位 石北本線

上川《かみかわ》～瀬戸瀬《せとせ》間／北海道

### 大雪山系の原生林を縫う駅もまれな秘境区間！

石北本線上川～瀬戸瀬間は、石北峠越えを抱える北海道屈指の鉄道難所だ。「オホーツク」など特急4往復と特別快速「きたみ」1往復が運行されているものの、同区間を走る各駅停車はわずか1往復。「青春18きっ

2016年に廃止された旧白滝駅跡。現在、ホームや駅舎などは撤去されている（撮影／牧野和人）

ぷ」利用者泣かせの区間としても知られるが、だからこそ探訪欲を刺激されるともいえる。峠越えとなる上川～白滝間はうっそうとした無人の樹林帯で、この1駅間の距離は在来線中最長の37.3kmに及ぶ。白滝以東では集落が現われるものの、この区間で乗降客数がもっとも多い白滝駅でも1日あたり40人前後と沿線人口は極めて希薄。そうした背景もあり、2016（平成28）年3月には秘境駅探訪で注目されてきた下《しも》白《しら》滝《たき》駅が信号場に降格、上白滝駅と旧白滝駅が廃止されるなど、JR化後の廃止駅は8駅にのぼっている。そうした点もこの線区の秘境度を高めている。

石北本線 DATA

区間距離：64.8km（非電化） 列車本数：普通2（うち遠軽～白滝間の区間運転1）、特快1、特急4往復 駅数：4駅（ほか信号場4） 沿線見どころ：大雪山系の原生林、廃駅跡、丸瀬布いこいの森など

丸瀬布（まるせっぷ）～白滝間を走る特急「オホーツク」。この区間には普通列車より特急が多く走る（撮影／牧野和人）

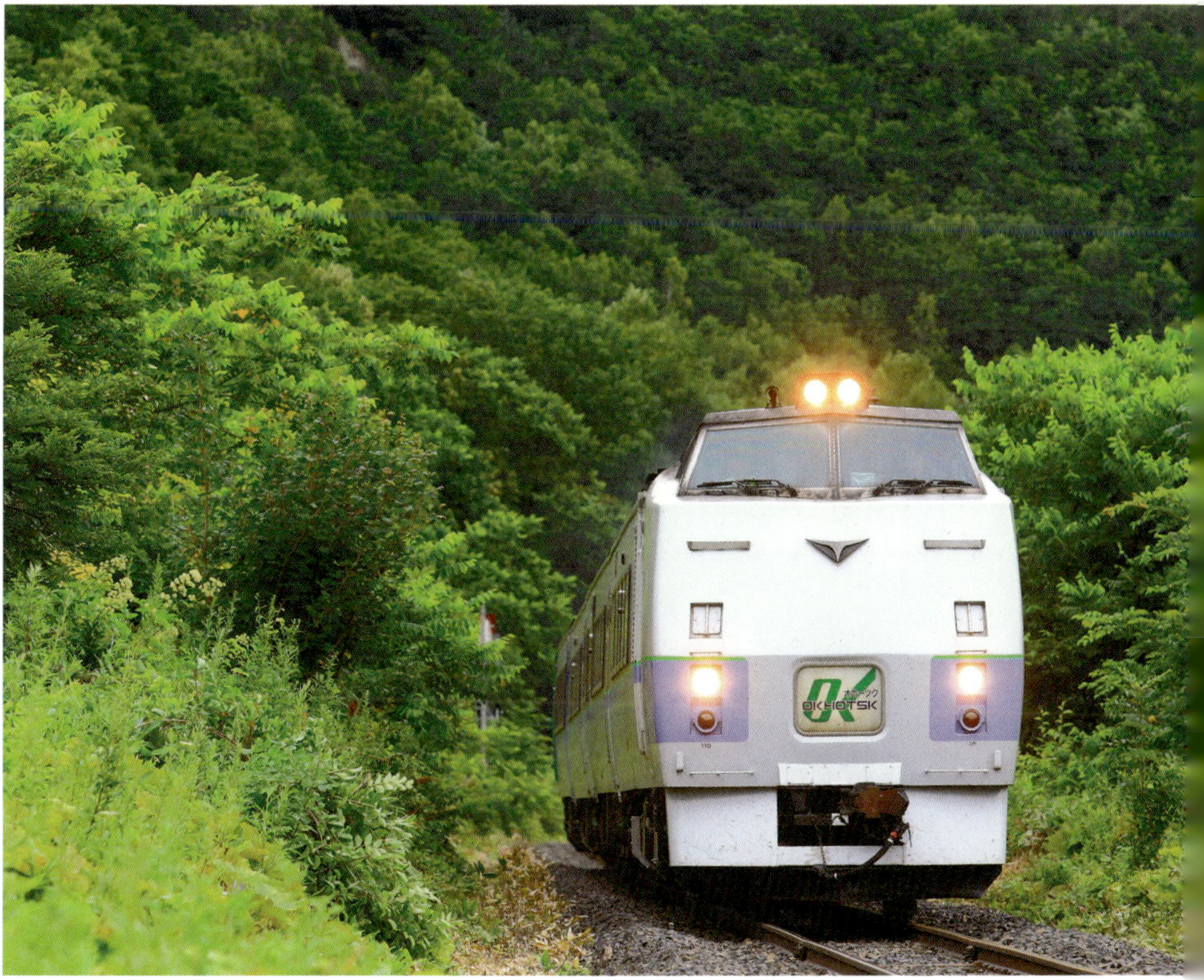

## 第2位

# 山田線

茂市《もいち》～上米内《かみよない》間

### 敷設の是非すら取り沙汰された秘境路線で北上山地を横断

山田線の宮古～盛岡間は北上山地の無人境を横断する山岳路線。敷設にあたり「山猿でも乗せるつもりか?」と国会で揶揄《やゆ》されたと言われ、とりわけ区界《くざかい》～上米内間は人家もまれで、秘境駅で知られた大志田《おおしだ》・浅岸《あさぎし》両駅も2016（平成28）年3月に廃止された。区界を境に宮古側で閉伊《へい》川、盛岡側で中津川の渓谷が寄り添い、季節ごとの車窓が見事。並行して「106急行バス」が運行されていることもあって鉄道利用は少なく、全区間を走る列車はわずか4往復にすぎない。なお、川《かわ》内《うち》～上米内間は自然災害の影響で17（平成29）年11月に復旧するまで、バス代行が行われた。

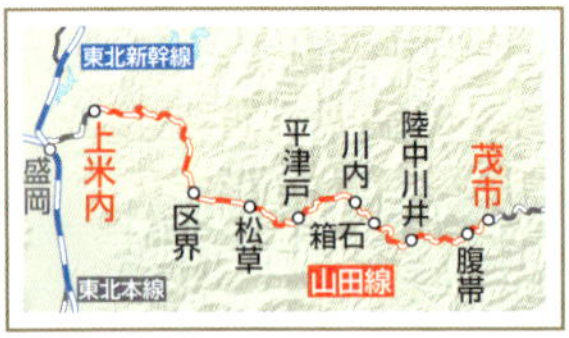


山田線 DATA

区間距離：77.1㎞（非電化）　列車本数：普通4.5（うち区間運転2）往復、快速1.5往復　駅数：9駅　沿線見どころ：渓谷ぞいの車窓、路線の孤立感、大志田・浅岸両秘境駅跡探訪など

山間部の秘境区間を走る山田線のキハ110形（撮影／牧野和人）

第3位

# 大井川鐵道 井川線

千頭《せんず》〜井川《いかわ》間

## 大井川上流にそって奥深い山塊に挑む見どころ満載の山岳鉄道

大井川鐵道井川線が分け入る南アルプスは雄大な山塊が広がり、沿線の大半が秘境といっていい。ダム建設にともない敷設された山岳路線であり、独自の鉄道シーンを展開。90‰《パーミル》の急勾配を我が国唯一のアプト式で乗り越えるほか、湖上の奥大井湖上駅や、接する公道すらない秘境駅・尾盛《おもり》、日本一の高さ70・8mを誇る関の沢橋梁など、全線にわたり見どころに恵まれている。JR在来線と同じ軌間1067㎜ながら車両限界との兼ね合いで軽便鉄道級の客車をディーゼル機関車が牽引。アプトいちしろ〜長島ダム間のアプト式区間では専用の電気機関車がつく。

**大井川鐵道井川線 DATA**

区間距離：25.5km（電化）
列車本数：普通5（うち区間運転1、 予定臨時列車あり）往復
駅数：14
沿線見どころ：アプト式鉄道、複数の秘境駅探訪、日本一高い鉄道橋・関の沢橋梁など

アプト区間用の電気機関車が待ち構えるアプトいちしろ駅構内（撮影／山本昌史）

第4位

# 黒部峡谷鉄道

宇奈月《うなづき》～欅平《けやきだいら》間

## ナローゲージの本格的山岳鉄道で黒部川源流を行く

電源開発目的で敷設され、現在も電力関係の専用列車が行き交う産業路線だ。かつては自己責任を前提に一般乗車を認めていたという。「トロッコ電車」と呼ばれる電気機関車牽引の客車列車が観光用として運行され、黒部川源流ぞいの秘境探訪が楽しめることで人気が高い。冬期は運休のうえ一部施設も撤去されるほどの豪雪地帯で、途中の鐘釣《かねつり》駅付近では黒部万年雪を車窓に望める。

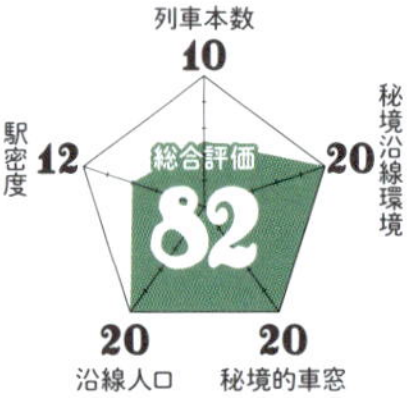

黒部峡谷鐵道 DATA

区間距離：20.1㎞（電化） 列車本数：11～18往復（期間により異なる。冬期運休） 駅数：10（一般旅客乗降可能駅4）駅 沿線見どころ：黒部川の渓谷と新山彦橋などの橋梁群、黒部万年雪など

黒部渓谷を渡るトロッコ電車（撮影／坪内政美）

## 第5位

# 芸備線

備後庄原《びんごしょうばら》～東城《とうじょう》間

### JRの最閑散線区を含む区間で秘境駅下車も楽しみたい

広島側では都市路線の雰囲気がある芸備線だが、広島・岡山県境寄りでは秘境感が濃厚にただよう。とりわけ備後落合～東城間の輸送密度は8人程度で、JR中で最低といわれるほどの過疎区間。備後落合以東の列車はわずか3往復だ。この間は1日の乗車人員が1ないし1人未満という駅が続く秘境駅の宝庫でもある。車窓は山里風景が続くものの、比婆山《ひばやま》～道後山《どうごやま》間では山岳路線ムードも。

山岳風景も楽しめる芸備線(撮影／佐々倉実)

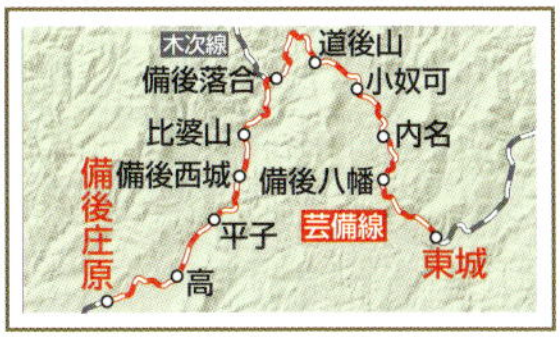


芸備線 DATA

区間距離：49.7km（非電化） 列車本数：8往復（備後落合で系統が分断。備後庄原～備後落合間5、備後落合～東城間3往復） 駅数：11駅 沿線見どころ：「秘境駅」の宝庫、山あいのジャンクション・備後落合駅探訪など

## 第6位

# 只見線

只見～入広瀬《いりひろせ》間

### 只見線全通を阻んだ県境を行く峡谷に寄り添う絶景路線

全線にわたり山岳風景が望める只見線にあって、もっとも秘境度が高いのが只見～入広瀬間といえるだろう。この区間には会津と越後とを隔てる六十里越《ろくじゅうりごえ》の峠が立ちはだかり、豪雪の影響を受けやすい交通の難所。ロックシェードに覆われるなど険しい線形が続くなか、破間《あぶるま》川や只見川の峡谷美が車窓を彩る絶景区間でもある。国鉄型気動車キハ40系が現役で活躍しているのもポイントだ。

かつての田子倉駅付近を走るキハ40系（撮影／松尾 諭）

只見線 DATA

区間距離：27.2km（非電化） 列車本数：普通4（うち区間運転1）往復 駅数：3駅 沿線見どころ：峡谷美、六十里越トンネルと険しい線形、廃駅（田子倉・柿ノ木）探訪など

## 第7位

# 飯田線

水窪《みさくぼ》～天竜峡間

### 通過するだけではもったいない!? 人気の秘境駅が続々登場

豊橋を起点に豊川と天竜川にそって北上する飯田線は本長篠付近から山間部に入るが、水窪～天竜峡間はその核心部。最大の見どころは大嵐《おおぞれ》から続く秘境駅群で、15駅中乗車人員1けた台が9駅を占めるなど、探訪欲を刺激する。時刻表を駆使し、こうした駅に足跡を記すのも飯田線の楽しみといえる。

秘境区間を走る飯田線の213系（撮影／牧野和人）

**芸備線 DATA**

区間距離：41.9km（電化） 列車本数： 普通11.5（うち区間運転下り3、上り4）、快速0.5、特急2往復 駅数：15 沿線見どころ：秘境駅探訪、天竜川の車窓

---

## 第8位

# 根室本線

釧路～根室間

### 最果て感抜群の絶景が展開！ 天候次第で異なった表情も

両端に大都市・釧路と根室が位置するものの、途中駅の大半は1日の乗車客が数人から10人前後という閑散路線だ。沿線の多くを原野や湿地帯、牧草地などが占める雄大な車窓が展開。別当賀《べっとが》～昆布《こんぶ》盛《もり》の海岸段丘や厚床～糸魚沢間の別寒辺牛《べっかんべうし》湿原などのひっそりとした姿は秘境路線のハイライトとなる。

別寒辺牛湿原内を走るキハ54形（撮影／牧野和人）

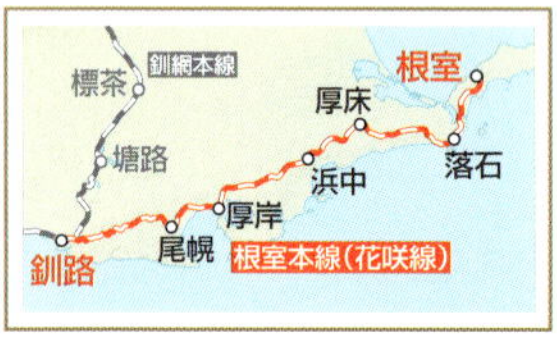


**根室本線 DATA**

区間距離：135.4km（非電化） 列車本数：普通6.5（区間運転2）、快速1.5往復 駅数：20駅 沿線見どころ：原始的な河岸段丘と湿原、厚岸湖など

## 第9位

# 野岩鉄道

川治《かわじ》湯元～会津高原尾瀬口間

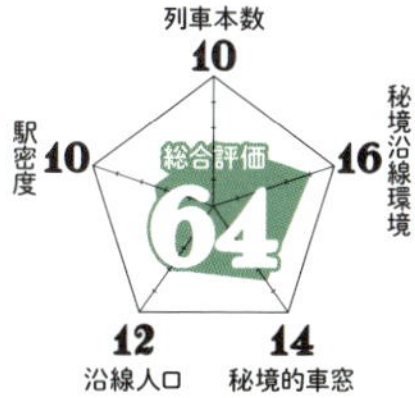


### 高規格路線ながら秘境感抜群の会津アクセス路線

東武鬼《き》怒《ぬ》川《がわ》線と接続し、東京圏と会津とを結ぶ野岩鉄道も秘境ムードが体感できる。トンネル主体の高規格路線となっているものの、帝釈《たいしゃく》山脈と那須連山に挟まれた険しい地形を縫うルートはまさに秘境そのもの。途中の男鹿《おじか》高原駅は乗車人員1人未満の秘境駅で、トンネル内の湯西川温泉など面白い駅もある。

東武鉄道と同形の6050系が走る野岩鉄道（撮影／牧野和人）

芸備線 DATA

区間距離：24.7㎞（電化） 列車本数： 普通10.5、快速4、特急3往復 駅数：6駅 沿線見どころ：湯西川橋梁、湯西川駅、男鹿高原駅、秘湯めぐりなど

---

## 第10位

# 南海高野線

九度山《くどやま》～極楽橋《ごくらくばし》間

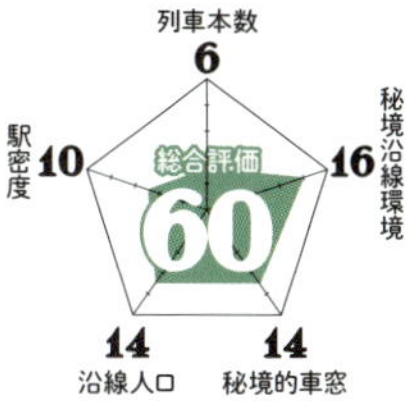


### 終点駅周辺は民家ゼロ！ 山岳地帯を専用電車が行く

高野山《こうやさん》参詣の足として建設された南海高野線は、大阪都市圏を橋本で抜けると最大50‰《パーミル》の急勾配や半径100mの急曲線など登山鉄道のムードになる。九度山を境に山あいに入ると、うっそうとした車窓が展開、終点の極楽橋まで険しい道のりとなる。沿線には高野下駅など木造駅舎が点在している。

急カーブや急勾配が連続する区間を走る（撮影／牧野和人）

芸備線 DATA

区間距離：12.3㎞（電化） 列車本数：運転多数（毎時2～4本／特急を含む） 駅数：7駅 沿線見どころ：エリア各駅が近代産業遺産に指定、極楽橋駅周辺の無人境、極楽橋からは高野山行き鋼索線が接続

# 山田線 大《おお》志《し》田《だ》駅

## 豊かな緑の中で過ごす時間……。それが僕の秘境駅となる。

(2016年3月廃止)

### 動物たちに見守られる駅

列車から降りると、そこは大自然の真っ只中。自分のほかには誰もいない。次の列車が来るまで、自分だけの時間が待っている。そして、時間になれば、ちゃんと列車がやってくる。どんなに深い森の奥でも、取り残されることはない。それが、秘境駅の大きな魅力だ。

これまでに訪れた秘境駅のうち、「秘境度の高さ」で印象に残っているのが、山田線の今は亡き大志田駅だ。

北上高地の山の中に位置し、周囲はひたすら森と林道ばかり。列車は下り1本、上り2本の1日3本しか停車しなかった。そのうち2本は夜の20時前後であり、日中に列車で訪れるのが非常に難しい駅である。筆者も車を使ってしまったのだが、それでもたどり着くのは大変だった。カーナビが示した大志田駅までのルートが、どう見ても車で通れないようなけもの道だったのだ。

20㎞あまり迂回《うかい》して、ようやく着いた大志田駅は〝にぎやかな駅〟だった。利用客がいたわけではない。さまざまな動物や虫たちが、駅を守るように生きていたのである。

本線のレールに近づくと、スズメ

1日3本しか列車が停まらなかった山田線大志田駅

バチが「軌道に立ち入らないように」と警告してくる。ホームに上がると、立派なヘビがうろうろしている。待合室の入り口には、「熊に注意」の貼り紙が。これは聞きしに勝る秘境駅だ……と思っていると、ついにはニホンカモシカまで現れた。山田線の建設時、野党議員が原敬《はらたかし》首相に対して「こんなところに鉄道を敷いて、サルでも乗せるつもりか」と非難したとされる話は有名だが、なるほど、よく言ったものである。

大志田駅に現れたニホンカモシカ。こちらを不思議そうに見つめていた

動物たちは、こちらから近づかなければ危害を加えてくることはほとんどない。セミの声を聞いて、とびきり優雅な時間を過ごした。

## 上野から1時間の〝秘境駅〟

もうひとつ、僕が好きな秘境駅が、ひたちなか海浜鉄道の中根駅だ。関東平野の片隅にある中根駅は、ホームひとつ、線路ひとつの小さな無人駅。ホームの向こうには広大な田園風景が広がり、民家はほとんど見えない。聞こえるのは、那珂湊《なかみなと》寄りに見える東水戸道路を走る車の音だけ。水戸市近郊の勝田駅からわずか8分の位置に、これほどのどかな無人駅があるとは驚きだ。

タネを明かせば、中根駅の南側にはちゃんと住宅地がある。駅横の小さな森によってそれが上手に隠され、首都圏とは思えないほどののどかな風景をつくりあげているのだ。ひとつ手前の金上《かねあげ》駅は、駅前にスーパーもあるひたちなか市の住宅街。そこから小さな森を抜けると、列車はぽーんと関東平野に放り出されて中根駅に到着する。そのギャップも、実にいい。駅横にある土手に腰を下ろせば、ここが上野から1時間ちょっとの場所とは信じられない気分にひたれる。

大志田駅と中根駅。列車の本数も周辺人口も、あまりにも違うふたつの駅だが、僕にとってはどちらも「秘境駅」。ふだんの生活を離れ、豊かな緑に囲まれてのんびりとした時間を過ごせるなら、そこは秘境駅なのだ。

文
**栗原 景**
**くりはら・かげり**
1971年、東京都生まれ。旅と鉄道、韓国をテーマとするフォトライター。小学生のころから各地の鉄道を乗り歩く。出版社で旅行ガイドブックの編集を経て2001年からフリー。3年間の韓国留学経験があり、韓国旅行や韓国の鉄道事情にも詳しい。著書に『テツ語辞典』(共著・誠文堂新光社)など。

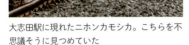

大井川鐵道井川線

# アプトいちしろ駅

## 井川線の人気ビューポイントは、知られざる「秘境駅」だった！

### アプト式の観光鉄道

千頭～井川間の25・5㎞を結ぶ大井川鐵道井川線は「南アルプスあぷとライン」の愛称を持ち、トロッコ列車が人気の観光鉄道として多くの乗客を集めている。もともと中部電力の前身の一つ、大井川電力が奥泉堰堤《えんてい》（現・大井川ダム）建設のため、1935（昭和10）年までに千頭から、いまのアプトいちしろ駅の対岸にあたる現場までの工事専用軌道として開通させた路線だ。さらに上流に井川ダムが建設されることになり、54（同29）年には堂平《どうだいら》（廃止、井川の1・1㎞上流）まで延長、59（同34）年に運行が中部電力から大井川鐵道に引き継がれ、千頭～井川間で旅客営業を開始したという経緯を持っている。

井川線の「秘境駅」としては、尾《お》盛《もり》が知られている。周囲に人家は1軒もなく、もっとも近い車道は深い谷を刻む大井川の対岸にあるため、鉄道以外でたどり着ける手段はない。対面式ホームながら1線が外された駅構内の周囲は、鬱蒼《うっそう》とした森に覆われている。井川ダムの建設時、周辺に建設関係者用の宿舎が設けられたことから置かれた駅だが、工事終了とともに宿舎は閉鎖・解体され、跡形も残されていない。元の下り線ホーム上に保線用資材などを収めた小屋が建ち、陶器製のタヌキの置物が、まれに下車する「秘境駅ファン」を出迎えるばかりとなっている。

井川線では尾盛のほか、やはり周囲に人家のない「ひらんだ」や、尾

「川根市代」の文字が書かれたさびた駅名標

根の先端に孤立した奥大井湖上も秘境駅として取り上げられることが多いが、2012（平成23）年に出版した『ダムと鉄道』（交通新聞社新書）の取材で初秋に井川線を訪れた折、アプトいちしろ駅で秘境駅ムードを強く感じたことを思い出す。国内の「鉄道」としては最急となる90‰の勾配を登り降りするため、アプト式の機関車が千頭寄りに連結されるシーンは、井川線の一大ビューポイントとして、多くの乗客が機関車に集まり、ホームはにぎわっている。そういう意味では「秘境駅」と、程遠いイメージがある。

## 昼間とのギャップに愕然

井川ダム、長島ダムと広報展示施設の「ふれあい館」の取材を終えた夕刻、上りの最終列車まで1時間ほどあった。館の係員によると「林道を下ってアプトいちしろまで、30分もかからず行けますよ」とのこと。ひまつぶしがてら、ひと駅分を歩くことにした。

深い谷の左岸（上流から見て左側）に続く細い林道に、もちろん人気があるはずもない。対岸に1990（平成2）年に長島ダム建設のためつけ替えられたアプト式の新線、谷底に旧線跡の路盤を眺めて、木々に囲まれた坂道を下る。道が平坦になったところで右手を見ると、アプトいちしろの旧駅名「川根市代」の文字が書かれ、ところどころが赤さびた駅名板が残されていた。その先には使われなくなったトンネルが口を開け、昼間はにぎわっていた駅舎周辺やホームにも、人っ子ひとりいない。風景がしだいに光を失うなか、改めて周囲を見回すと、ここも民家のひとつもなく、川と山に挟まれた秘境駅であることに思いが至った。

急勾配を降りてきた、アプト式電気機関車の前照灯の光が、心強く思えた。もちろん降りる人もなく、車内に乗客もほとんどいなかった。昼間とのギャップが大きい分、夕暮れ時のアプトいちしろの風情を、隠れた秘境駅としておすすめしたい。

アプトいちしろ駅に入ってきた上り最終列車

文
**武田元秀**
**たけだ・もとひで**
1960年、福島県郡山市生まれ。早稲田大学法学部卒業後、五洋建設を経て朝日新聞記者に。大津支局で信楽高原鉄道事故、新潟支局で「SLばんえつ物語」号のC57形180号機の復活など、鉄道関係の現場取材も多い。現在、天夢人編集顧問。

わたらせ渓谷鐵道 原向駅《はらむこう》

# 銅山の歴史を秘めた駅が人知れず渓谷にたたずむ

## 重い歴史を感じる駅

　秘境駅に降りる楽しみは、「人がほとんど降りない、知られていない駅」探しからはじまり、そして、訪れてみて新しい発見と驚きを感じることにある。文化や歴史の見どころが多く、よく取材で利用する鉄道の中にも、意外とそんな駅が存在する。

　その駅は、織物で有名な桐生（群馬県）から足尾銅山の間藤《まとう》（栃木県）までの44・1kmを走り抜ける「わたらせ渓谷鐵道」にあった。ちょうど県境、栃木でもっとも南に位置する原向駅がそれだ。「沿線の楽しみ方パンフレット」をはじめ、ガイドブックや雑誌にも駅名しか記載されていない駅だ。

　わたらせ渓谷鐵道は首都圏からJRや東武鉄道などを利用すると行きやすく、終点の間藤駅からは日光駅行のバスも運行。そのため近年は、スカイツリーの観光客が足を延ばすという。

　原向駅を訪れてみると、無人の駅舎自体には風情が感じられず、ひとりしか降りなかったホームからは平らな家並みが見えるだけだった。まず、南方面に歩いて行くと、渡良瀬川の清らかな流れが現れ、昔は山城があったと伝えられる小山の風景が見渡せた。以前は、にぎやかな地域であったに違いない。その証拠に、昔の人が通っていたという佐野（栃木県）まで続く山の小道も発見した。

　橋を渡って北の方へ15分ほど行くと、村の鎮守の磐裂《いわさく》神社があり、その境内には栃木県名木百選の大ヒノ

磐裂神社の社と栃木県名木百選の大桧

登録有形文化財に指定されているほかの駅とは異なり風情は感じられないが……

キ、御神木がずっしりと天に向かって伸びていた。樹齢250年、高さ35m、太さ3・2mとある。神社の近くの中才《なかさい》墓地《ぼち》周辺には、足尾銅山が栄えていた時代の古河鉱業（現・古河機械金属）の社宅がズラリと並んでおり、そこはまさに昭和の風景。そういえば、わたらせ渓谷鐵道は、日本一といわれた銅山、足尾銅山から産出された銅を輸送するために敷かれた鉄道で、昔は足尾線と呼ばれていた。鉄道が敷設される前は、利根川まで3日間を要し馬で運んでいたという。

## 時代に翻弄された人と生きる駅

原向という駅名は読んで字のごとく、渡良瀬川をはさんだ「原」の向こうという意味。高台で陽当たりのいい「原」には、鎌倉時代の1315（正和4）年に日光から移住してきた人々が住んでいた。しかし、昭和に入り「原」が銅山の鉱石くずの堆積場になってしまったがゆえに、その向かいに移り住むことを余儀なくされた。そこには先祖代々の墓もあったと地元の人は話してくれた。

原向にも、東日本大震災で堆積物が崩落し、鉱毒汚染の心配で話題となった源五郎沢堆積場がある。今なお堆積物が残り、現代の原発問題と重なってくる。銅は大切な資源であるが、日本の近代化を支えた裏には、鉱毒や移住に悩まされ歴史に翻弄《ほんろう》された人々がいた。そのようなことを感じながら、ここから間藤駅まで、日本の遺産である足尾銅山観光をしてみるのもいい。秘境駅に降りると、普通の観光とはまた違った旅が見えてくる。

原向駅付近は沿線の中でも「車窓からの渓谷美が一段と楽しめる」といわれるところ。わたらせ渓谷鐵道に乗車すると、この駅に下車しなくとも、車内からもっとも素敵な渓谷美を満喫しながら、目立たない駅名に重い歴史を感じている。

（2012年9月掲載）

文
**細内律子**
**ほそうち・りつこ**
1964年、東京生まれ。明治大学卒。旅行ライター。ガイドブックや旅行本の編集プロダクション「トランス・タイム」主宰。著書は『旅人は時空を超えて～ライターのつぶやき～』（現代旅行研究所）、『アイリス×秋田～ドラマの舞台に出かけよう！～』（実業之日本社）など。日本旅行記者クラブ会員。日本旅行作家協会会員。

## 留萌本線 北《きた》一《いち》已《やん》駅

# 厳寒の北海道。誰も知らない秘密の1時間を過ごす

### 無人駅でインナートリップ

僕は地図帳を読みふける小学生だった。見つけた珍しい地名はそれだけで行ってみたい衝動に駆られたし、今もそれを引きずっている。で、道内時刻表をめくっていて、ふと目に止まった駅名が北一已。「きたいちやん」……もちろん初見では読めるはずもなく、駅名の謎解きがはじまる。

北海道の多くの駅と同じようにアイヌ語由来のこの駅名を紐解いてみれば、「きた（北部）・いちゃん（アイヌ語でサケやマスが産卵する所）」であった。深川駅のあたり、石狩川とその支流一帯を今も一已と呼ぶのだとか。

旅の途中、少しだけ空いた夜の時間を利用してこの難読駅を訪ねてみることにした。

留萌本線は、その日が初乗車だった。前面にこんもりと着けた雪をザッ、ザッと払ってもらったあと、一仕事終えたキハ54形は氷漬けになった尾灯を前照灯に照らしなおす。そして、人を拒むようにキンと冷えた寒空をふたたび見据えて発車時刻を待っていた。

未乗区間、しかも雪中の無人駅に向かい束の間の孤独を味わう……身震いするような興奮が背筋を駆け上がってくる。

深川駅を発車したひとりぼっち列車は大きく右にカーブを切ったあと、チリチリと雪を左右に分けながらまっすぐに闇の雪原を抜けていく。暗いのにほの明るい、不思議な車窓が流れていく。

ひとつ目に停まったのが、北一已。アナウンスでは「いちゃん」ではなく「いちやん」と発音していた。ゴロッと不器用にドアが開き、運転士さんに会釈をして、踏み固められていない綿雪のホームにひとり、降り立つ。「ギュッ」と音がした瞬間、心が躍る。見送った列車が光の粒になった。

列車の轟音《ごうおん》は思ったより早くにか

き消され、レコーディングスタジオのブースのような静寂が訪れる。

「ぽつねん」

発した声は自分以外の誰にも届かない。独り占め時間のはじまりだ。

音のない世界では、光が多くを語る。オレンジ色の明かりはまあるく積もったホームの雪と、昭和30年代に建てられたというこぢんまりとした、でも凛《りん》としたたたずまいの木造駅舎を浮かび上がらせる。かつては有人駅舎だったそうだが、近隣の農地は雪で覆われ、人はおろか生きているものの気配さえ感じられない。

しばらくして尋常でない寒さを認識し、木のガラス戸をこじ開け待合室に入った。グレーの革椅子と鏡。遠い昔に戻されたような、そんな待合室だ。

誰にも邪魔されず自分と向き合う。何のために旅をしているのか。そんなことをとりとめもなく考えはじめる。

北一已の駅舎で過ごす秘密の1時間。不思議な時が流れた

## 内的世界の旅、1時間。

静寂を裂いてやってきたキハ54形は、不器用にドアを開けふたたび僕を現実へと引き戻す。懐かしい暖かさだ。数分揺られればまた、電光掲示板の特急停車駅、深川だ。誰も知らない秘密の1時間。

「列車でしか訪れることができない」を秘境駅の定義のひとつとするならば、冬の北海道は秘境駅だらけということになる。

たったひと駅先に、僕だけの「秘境駅」を見つけた。

文

**オオゼキタク**
おおぜきたく

シンガーソングライター。2004年Victorよりデビュー。フジ系ドラマ「Ns' あおい」OP、テレ朝系ドラマ「富豪刑事DX」主題歌を制作。楽曲提供、校歌制作のほか鉄道写真家の中井精也氏DVD「DREAM TRAIN」テーマ曲制作など、幅広く音楽活動を展開。2011年JR全線を完乗。

# 秘境駅をもっと楽しむ

これまで幾多の駅を訪問してきた秘境駅訪問家・牛山隆信氏だからこそ知り得た「楽しみ」のほんの一部を紹介しよう。

文 牛山隆信

Method 1

## 「駅ノート」で情報交換をしよう

### 衝撃を受けた「駅ノート」

あたり一面、無人の原野が広がる秘境駅。列車を降りても人影はなく、次にやってくる列車まで3時間あまり。ベンチのかたわらに駅ノートが置かれているのを見た。誰でも自由に書き込める〝雑記帳〟である。訪れた人々が思い思いに旅の出来事、駅の感想、そして人生をつづっていく。まるで見知らぬ旅人同士の出会いの場であった。私も訪問の証《あかし》に旅の模様を書いた。ところが、とある書き込みに目が留まった。以下、抜粋したうえで紹介する。

――どんなに無名の地でも、ローカルな駅でも、それぞれに歩んできた歴史がある。今やあまりに寂しい土地に、侘しい駅に成り果てていても、多くの人々が生活し、往来して賑わった過去があり、それを今のように寂れさせてしまった時代背景がある。これらを無視して現状だけを概観し、もってその地や駅を語るのは失礼にあたるし、真に理解したことにはならない。

私は大きな衝撃を受けた。土地と駅の悲痛な叫びを代弁した書き込みに、戒められた気持ちになった。このような駅を意図的に探し出し、興味本位で〝秘境駅〟と呼び、多くの人々へ知らしめた張本人こそ、私なのだから。私は度重なる非礼をわびたくなった。静かにペンを置き、原野に続く道を歩き出した。当然だが、大地は吹き抜けていく風の音と、自らが出す靴の音しか答えてくれない。

その後、東京に永らく住んでいた私は、転勤で広島に住所を移した。さらに2年後、過疎化が進む山間へ越してきた。都市に住む人から〝田舎〟という他愛のない一言が偏見として肌に刺さる。さらに越した地でも、〝何でこんなところに東京から?〟という、今でこそよくしていただいているが、当初は排他的な感情さえ受けた。駅ノートには、旅人だけではなく、地元の人々の思いも交錯する。私は過疎という現実を受け止めたうえで、過去の歴史にも思いを致すこと、旅人と地元住民と互いに分かり合うことが大切だと痛感した。現在、私は自宅からほど近い〝三江線・長谷駅《ながたに》〟で駅ノート管理人を務めさせていただいている。

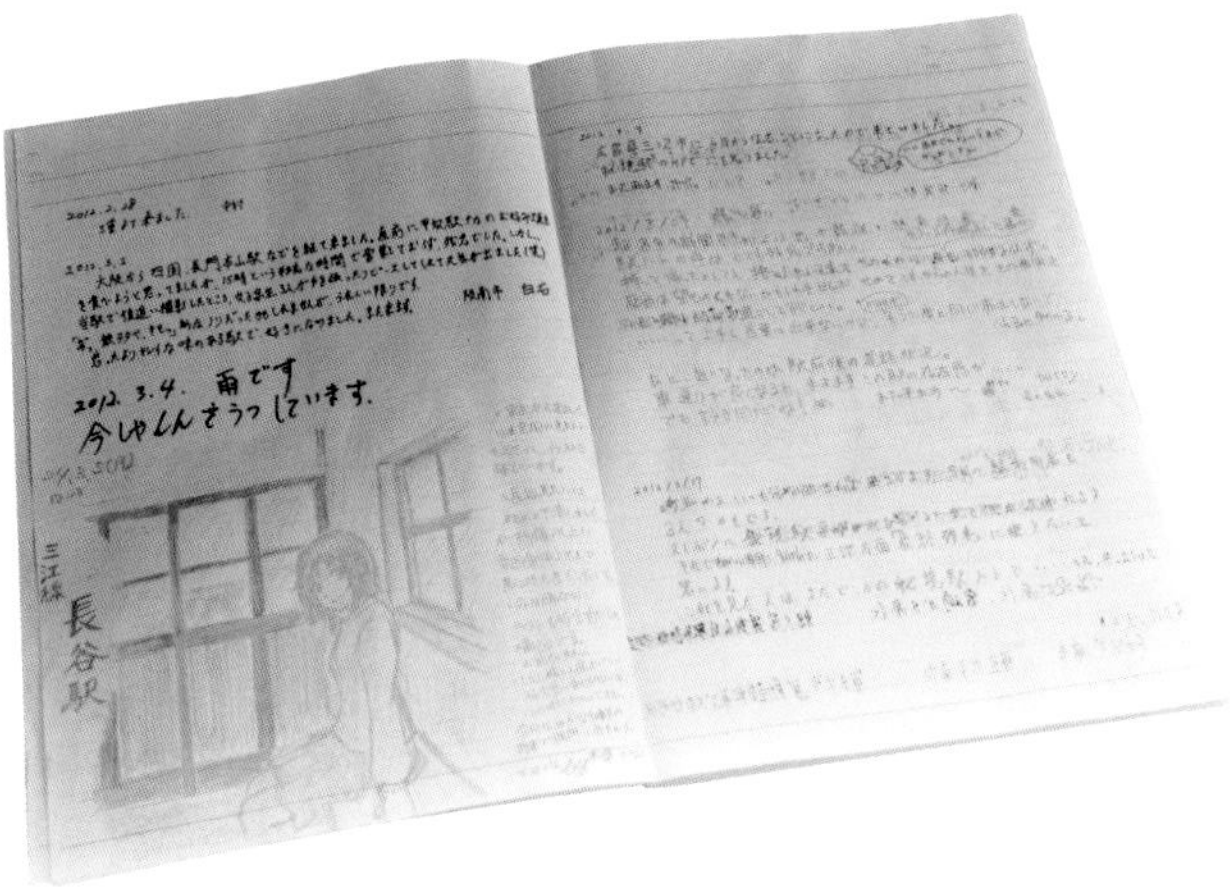

# 秘境駅をもっと楽しむ

Method 2

## 秘境駅と温泉三昧

秘境駅の近くには、人知れず〝秘湯〟が存在している。大自然のなか、山間のいで湯に旅の疲れも吹き飛ぶ。おすすめの秘湯をラインナップしてみた。

### 津軽湯の沢駅
奥羽本線

湧水量は毎分800ℓ。大量の湯が湧き出す知る人ぞ知る、温泉ファン絶賛の秘湯！ひなびた旅館は味わい深く、安価で宿泊できる。青森県の碇ケ関温泉郷に属する。
古遠部温泉：駅から徒歩45分

### 峠駅
奥羽本線

秘湯ファンの聖地と言われるほどのすさまじい山奥。乳白色の硫黄泉が体を包み込む快感は極上！ 岩山に囲まれた露天風呂が野趣あふれる。　姥湯温泉・桝形屋：駅から8kmで宿泊のみ送迎あり（要予約）

### 天塩川温泉駅
宗谷本線

立ち寄り湯もよいが、秘境駅訪問の拠点に宿泊もお勧め。天塩川を望む露天風呂は気分最高！ 山菜や川魚をつかった郷土料理、カモ鍋も食べられる。　天塩川温泉・住民保養センター：駅から徒歩15分

### 早戸駅
只見線

開湯は1200年前と言われ、鶴が温泉で傷を癒していたことから発見されたと伝えられる。只見川の四季の移ろいを楽しめるのも魅力。　早戸温泉・つるの湯：駅から徒歩10分

## 武田尾駅

福知山線

大阪からわずか40分のいで湯。美肌効果抜群のお湯のほか、旧JR福知山線がハイキングコースとして開放されている。　旅館4軒あり：徒歩20分

## 吉尾駅

肥薩線

球磨川の支流、吉尾川の河原に湧く静かな温泉。ほのかに香る卵臭の湯が大量に湧き出している。宿泊もおすすめ！　吉尾温泉・高野屋旅館：駅から徒歩30分

## 備後落合駅

芸備／木次線

清らかな渓流に湧く、pH11.2を誇る強アルカリ性の湯。旅館と名乗るが現在宿泊はできず、立ち寄り湯のみ営業中。　高尾温泉・篠原旅館：駅から徒歩40分

## 鶴丸駅

吉都線

モール泉という全国に2カ所（ほかに十勝川温泉）しかない珍しい湯。コーヒー色でワラを焦がしたような匂いが独特。　鶴丸温泉・鶴丸温泉旅館：駅のすぐ裏

## 湯ノ峠駅

美祢線

古い木造のひなびた旅館は、まさしく正統的な湯治場の雰囲気をもつ。とても軟らかくてツルツルの湯が楽しめる。　湯ノ峠温泉・岡田旅館：駅から徒歩5分

## 青井岳駅

日豊本線

とろみのある独特の湯は美肌効果抜群。比較的新しい施設で宿泊から食事まで充実している。家族で楽しめる。　青井岳温泉・青井岳荘：徒歩5分

Method 3

# 秘境駅＋αのすすめ

秘境駅訪問のなかで見つけたさらなる楽しみ。
誰にも邪魔されずに、本物の自然と向き合おう。

## 砂丘を歩く

薩摩高城駅
肥薩おれんじ鉄道

潮騒が聞こえる浜辺。小さな砂丘を越え、生い茂る雑木林を抜けると、信号場のような駅があった。ここは東シナ海を望む「さつまたき」という難読駅。付近に人家はなく、脇を通る国道ぞいには廃墟となったドライブインがたたずんでいる。青い海と白い砂……。まっさらな自然を見たくてふたたび海岸へ出た。いまは何も考えたくない、ただ無心になって歩きたい。

この駅は心の寂しさや虚しさを、少しでも和らげてくれる場所なのかも知れない。

上りホームから砂丘へは徒歩1分。東シナ海を望む

# 海釣りを楽しもう

## 轟木駅

五能線

日本海の沿岸を走る五能線。その名のごとく「とどろく海鳴り」を体感できるのが轟木《とどろき》駅だ。駅近くの人家はわずか1軒。荒れ狂う海から鉄路を守る防潮堤の上に、小さな駅がポツンとたたずむ。閑散としたダイヤを逆手に取り、列車を待つ時間にテトラポットから釣り糸を垂れてみるのも面白いだろう。とっぷりと日が暮れ、海を背にした木造駅舎はまるで人の心が宿っているかのようだった。実に孤独な駅舎だが、訪れる者もまた孤独を求めてやってくるのだ。

味のある駅舎も人気の要因だ

# つぶらな瞳が胸を打つ

## 福島高松駅

日南線

九州にあるのに「福島高松」という一風変わった名前の駅だが、福島・香川両県の県庁所在地とはまったく関係がない。駅名の由来は、ここがかつて「福島町」であったことと、地区名の「高松」から来ているものを合わせたものである。駅前には酪農を営む農家が牛舎を構えている。黒い巨体が黙々と草を食み、時折、あたりに鳴き声を響かせる。近づいて来た私に、つぶらな瞳がやさしく光った。何と優しい目をしているんだ……。穏やかな気持ちに、心が洗われていくひと時であった。同じく、ホームの目の前に牧草地が広がるのが、日高本線・絵笛《えふえ》駅。ここでは未来のサラブレットたちが目の前で草をはむ姿をホーム上から見ることができる。一面の牧草地を可憐に走る優駿に心が洗われるに違いない。

周囲には十数軒の農家がある

坪尻大俯瞰

これぞ秘境駅と云わしめる坪尻駅の周囲には森しか存在しないことを証明する一枚。駅から徒歩約40分の坪尻大俯瞰から撮影した

# 坪尻駅の1日

## 秘境駅の静寂を撮る

四国の山中、あたりに民家もなく
人里離れたところにたたずみ、
秘境駅として知られる坪尻駅。
山の静けさが駅を包み込む夏の一日を撮った。

2009

普通と特急の共演

1日12本の停車がある普通列車のうち、7本で通過列車との待ち合わせ風景を撮影できる。上り琴平行きの脇を下り特急「南風1号・しまんと3号」が通過した

**駅で見つけた夏**

到着したばかりの無人の駅では、クワガタムシが出迎えてくれた。小さな改札に掲げられた歓迎板は、集落の人たちの手づくりだ

**たたずむ木造駅舎**

昭和初期に建てられた木造駅舎が秘境感をさらに演出する。谷底にあるゆえに午後のひとときにしか陽が当たらない

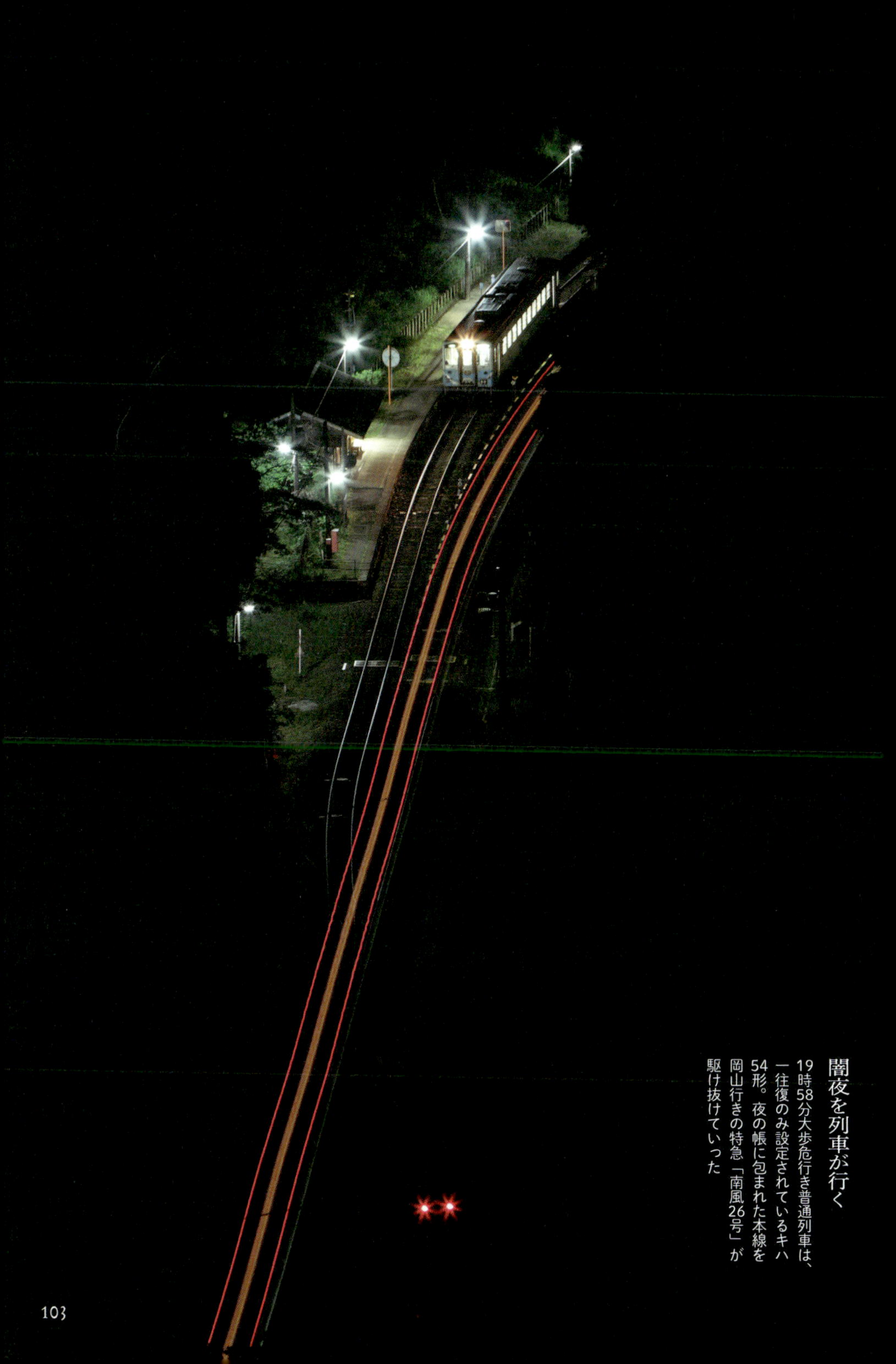

## 闇夜を列車が行く

19時58分大歩危行き普通列車は、一往復のみ設定されているキハ54形。夜の帳に包まれた本線を岡山行きの特急「南風26号」が駆け抜けていった

## 秘境駅の〝西の横綱〟、坪尻駅

ＪＲ土讃線坪尻駅。徳島と香川の県境にあるスイッチバックの駅で、「金比羅《こんぴら》さん」で知られる琴平《ことひら》から４つ目にあたる。元々は信号所として開設されたが１９５０（昭和25）年に駅として昇格。かつては、阿波池田《あわいけだ》に向かう学生や行商でにぎわうも、現在は１日の乗降客数がついに０人に。

車はもちろん、自転車の進入も許さない谷底の立地から、〝西の横綱〟と位置づけられている秘境駅として名の知れた存在だ。駅は四国山地の谷底にあるゆえに午前中の遅い時間まで陽が差し込んでくる。そのため7時台の始発列車で訪れても、変わり行く木々の色彩を楽しむことができる。とはいえ駅全体に陽が当たっている時間はほんのわずかだ。

乗降０人の駅ではあるものの、約30分間隔で通過する特急や、スイッチバックをする普通列車、そして週末ならトロッコ列車の運行もあり、カメラを構えてみると思いのほか忙しい駅でもある。

撮影のクライマックスは夕方から夜間だろう。秘境駅らしい虫の音だけが響く静けさと寂しさに満ちた空間に、レールを響かせながらやってくる列車が来た時の、何ともいえない安堵《あんど》感を体感できる。

アクセスは徒歩のみ、
人家も自販機も、
なにもない駅。

文
**坪内政美**
**つぼうちまさみ**
1974年生まれ。香川県在住の鉄道カメラマン・ロケコーディネーター。どこに行くにもスーツで撮影に挑むという妙なこだわりをもつ脱サラカメラマン。各種旅雑誌や『ＪＴＢ時刻表』グラビアなどで活躍している。

# 第3章

# 秘境駅の旅に出よう

Hikyou Eki no Nazo

秘境駅に停まる列車のほとんどが、
短い編成のローカル線。
のんびりと列車に揺られて
車窓の旅も楽しみ秘境駅で降りる、
何もない、誰もいない空間を
どう過ごすかは、あなた次第。
秘境駅に何が待っているか？
さあ、列車に乗って飛び出そう。

# 小幌駅の6時間35分

伊藤 桃

撮影／丸山裕司

一時は廃止が検討された
「日本一の秘境駅・小幌《こぼろ》」。
鉄道以外でのアクセスが困難なことや
そのロケーションから、
秘境駅の代名詞となっている。
数年前から小幌に憧れ続けた
ひとりの鉄道アイドルが
熱い想いを胸に、ホームに降り立った。


文

**伊藤 桃**
いとう・もも

青森県生まれ。大学在学中から、雑誌の専属モデルやグラビアアイドルとして活動。2010年にはシングルCD『Good my Luv★！！』でソロ歌手としてデビュー、ライブ活動ほか多方面で活躍するマルチタレント。07年ごろから「青春18きっぷ」シーズンを中心に、趣味で鉄道旅行に出かけることが多くなり、鉄道関連の仕事もはじめる。16年にはJR全線完乗を達成し、行動的な〝乗り鉄〟としても知られる。おもな著書に『桃のふわり鉄道旅』（開発社）など。

## 朝8時38分、ホームに降り立ったのは私だけ

列車を降りると、そこにはただ緑に彩られた世界が広がっていました。どこか懐かしい草木の香りに北海道の涼しい風が気持ちよく、深く深く息をすいこみました。静かな山中にディーゼルの音が響き、そして消えていくと鳴りやんでいた鳥のさえずりが変わってにぎやかにおしゃべりをはじめました。

そこにあるのはただ緑あふれる自然と板切れのようなホームだけ。特急列車に乗ってしまうとわずか3秒で通過してしまう、深い山々のトンネルとトンネルのはざまにぽつんと存在する小さな駅です。駅付近に民家はなく、そこにあるのはただ険しい山道と海ばかり。1日の平均乗車人数はほぼ0人といういわゆる秘境駅のひとつです。

2015（平成27）年にはJR北海道から廃止の意向が発表されてしまいましたが、小幌駅のある豊浦町が〝観光資源〟として支援し、維持管理を担うということでなんとかその廃止を免れることができました。

私がはじめて小幌駅に会ったのは数年前の鉄道旅のさなかでした。秘境駅として有名な小幌駅をはじめて見たときはその〝何もなさ〟にただ圧倒されたものです。降りてみたい、そう強く願えども小幌駅に停まる列車は上り下りともに数えるほど。思いつきで降りるにはためらわれる本数で、ただ車内から通過時にその姿を眺めるばかりでした。

なぜ秘境駅は人をひきつけてやまないのでしょうか。今回、私はこの小幌駅に6時間半の時間をかけて滞在し、その魅力を探しに行ってきました。

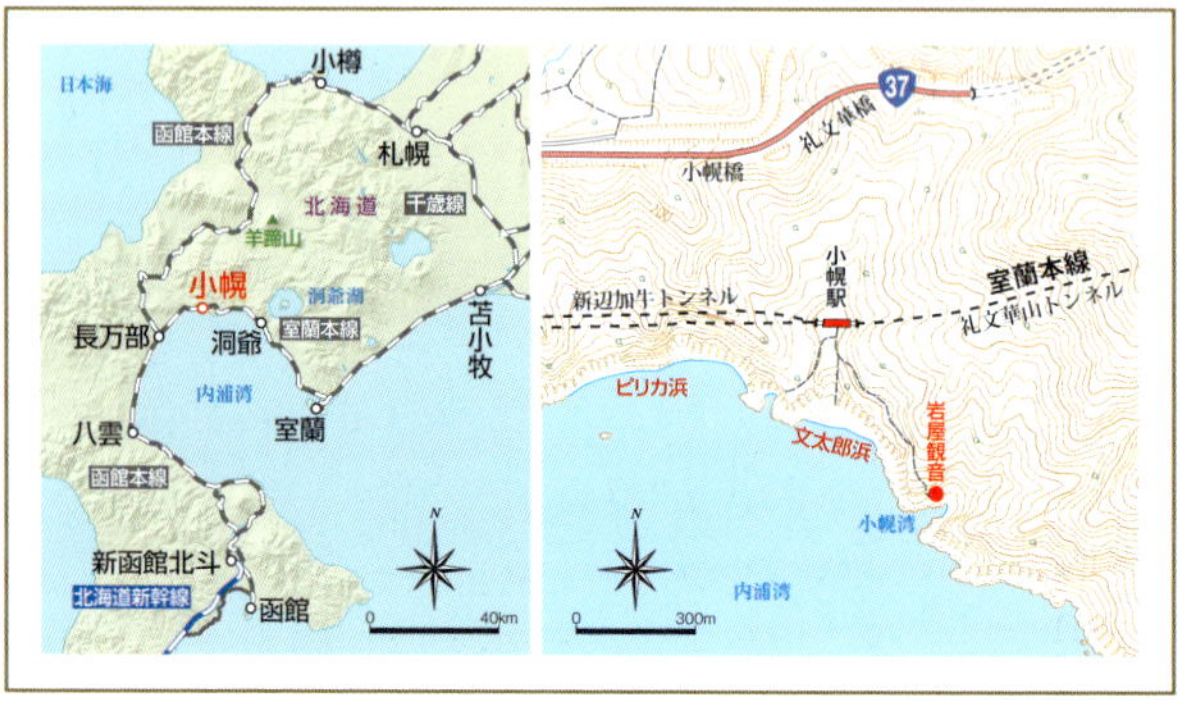


秘境駅 DATA

所在地：北海道豊浦町礼文華　所要時間：函館から約3時間20分（乗車時間のみ）　開業：1943（昭和18）年9月25日　運行本数：上り4本／下り2本

この地図の作成にあたっては、国土地理院発行の数値地図（国土基本情報）を使用しました。

朝の8時38分、小幌駅着の1両編成、キハ40形から降りたのは私たちだけでした。次にこの駅に停車する列車は15時13分。緑の草木に彩られた世界に私だけを置いて、列車は静かにトンネルの彼方へと消えていきました。線路には淡い青色のエゾエンゴサク、黄色や白と色とりどりの野花も私を出迎えてくれます。ホームのすぐそばには川のせせらぎが聞こえ、にぎやかな鳥のおしゃべりが静かな山中に響いていました。

〝駅前〟には詰所とトイレがあるのみで、時々過ぎ去っていく特急列車や貨物列車からけぶるディーゼルの排気ガスの匂いと、遠くに聞こえる国道を走る車の音だけが外界とつながっていることを教えてくれます。

せっかくなのでまずは海に降りる道を探してみることにしました。一番はじめに降りてみたのはピリカ浜です。トイレの向かい側のあたりに山へ登っていくような道があるのですがそこが入り口です。海に降りる道は三つほど見つけましたがその中でもこのルートが一番ハードでした。ほかの二つには道ぞいに行き先標があるにもかかわらず、このルートには何も目印がないことからも玄人《くろうと》向けであることがうかがえます。

## ロープや縄ばしごを頼りに海岸への冒険

初夏のまぶしい光が緑の木々を照らす木漏れ日のなか、のんびりと山道を散歩していきます。名前の知らないキノコが生えていたり、朽ちた切り株に生える緑苔や草花にときめいたりと道すがらの景色にも飽きることはありません。道端には手づくりの木のベンチもあり、そこからは眼下に断崖の下のピリカ浜を見おろ

駅の廃止が取り沙汰された2016年以降、全国から秘境駅ファンが訪れている。1日の停車本数は上り下り合わせて6本、到達難易度の高い駅だ

すことができました。

　そして鳥のさえずりに少しずつ潮騒が勝りはじめたころ、道ぞいに張りめぐらされたロープが出現しました。このロープは急斜面を降りるときに体を支えるために張られたもののようです。先に進んでいくと、心細げにかけられている縄ばしごを伝って降りなくてはいけなかったり、ロープ1本で断崖をおりていったりとまさにちょっとした冒険です。

　無事に海岸まで降りて、振り返ったとき、まるで特撮映画で使われていそうな断崖を降りてきたことに我ながら少し驚きました。無我夢中で苦労して降りた先には、まさに絶景が広がっていました。

　澄んで輝く青い海と黒い玉砂利の美しい磯浜に、ただ静かに潮騒が鳴り響いていました。眼前には上のベンチからみることができた立岩が堂々と立っていました。そこには当然のことながら誰もいません。ただそこにあるのは自然のみです。「何もない」場所で、「何もかもがあふれている」世界の中で、見失いがちなものへとじっと想いを馳せる時間でもありました。

　さてえっちらおっちらと来た道を戻り、今度は小幌洞窟のある小幌海岸へと降りる道へと向かいました。ピリカ浜へと向かう道ほどではないですが、この道もなかなかの山道で秘境気分を味わえます。20分ほど歩いたころ、川のせせらぎの行きつく先に小幌海岸はありました。ピリカ浜と同じく、この小幌海岸は数百万年前の海底火山の活動で形成された岩石からなる磯浜です。かつては舟が停泊することもあり、その名残の桟橋が今でも静かな入り江にポツンと残されていました。そしてなんといっても特筆すべきは、円空上人によってつくられた岩屋観音

駅から約600m下の静かな美しい入り江を散策

もっとも険しいピリカ浜への道。ロープや縄ばしごはあるが、天候や状況次第で慎重に降りたい

が祀《まつ》られている岩屋洞窟でしょう。
岩屋洞窟は磯浜と同じく、太古の海底火山の噴火によってできた洞窟です。ぽっかりと黒い口を開けた洞窟の入り口には古い木の鳥居が設けられていました。しん……とした荘厳な洞窟の中、そこに祀られている観音さまへじっと手をあわせました。

2500年前の縄文時代の終わりごろから、この洞窟は利用されていたそうです。どれほどの人が訪れ、どれほどの物語があったのでしょうか。はるか太古から変わらぬ洞窟に想いを馳せながら小幌海岸を後にしました。

そして最後に訪れた海岸は文太郎《ぶんたろう》浜です。この文太郎浜は一番アクセスがよく、小幌駅から徒歩8分ほどで海岸に出ることができます。バーベキューセットをかついで降り、ここでレジャーや釣りを楽しむ人も時折いるそうです。かつてはこの文太郎浜の由来にもなった名物漁師の文太郎さんが住んでいた小さな集落がありました。沖合にはホタテ漁をしている漁船が遠く光って見えました。

「わっ！」足元に出現したヘビに思わず驚きました。台風によって朽ちてしまった石段の穴が格好の住処《すみか》になっているようで、突然訪れた私をテラテラと光るアオダイショウが出迎えました。開けた磯浜に響く、じゃりじゃりと小石のぶつかり合う音の混じる潮騒に夏を感じる時間でした。

## 駅を守るさまざまな人、それぞれの想い

今まで三つ、海に通じる道を紹介してきて気づいた読者の方もいると思いますがこの小幌駅、四方を海と山で囲まれています。近くに道がなく、鉄道以外でた

右／駅から海岸に通じる道にはいく筋かの沢が流れる　上／どこか遺跡のような幻想的な光景

先を急ぐ特急の乗客の目には、
その存在さえ映らない秘境中の秘境。

どり着くことが難しいことから〝日本一の秘境駅〟とされているのです。しかし、いくつか〝脱出〟ルートもあります。そのうちのひとつ、下りホーム側の詰所の裏にある林道から国道へと出られるルートを散歩してみることにしました。

むせかえるような深緑の中をゆっくりと登っていきます。やがて海に通じるのであろう川ぞいに道はつくられていました。そこにあるのはただ川のせせらぎと鳥や虫の鳴き声ばかり。川は、夏の陽ざしをあびてきらめきながら白くごうごうと流れていきます。林道の入り口付近にはかつて使われていたであろう電気設備がひっそりとたたずんでいました。すっかり苔や草におおわれ緑の世界と同化した人工物がどこか遺跡のようで、この幻想的な世界にすっかり魅了されていました。

さて、この林道を散歩していてひとつ驚いた点がありました。それは一見、まるで人の手など加えられていないような自然あふれた林道が実に丁寧に手入れをされていることです。道にそって奇麗に草が刈られ、沢を渡るところだけではなく歩きづらいぬかるみにも切り出された丸太によって道がつくられていました。

実はこの道、今年御年78の豊浦町郷土研究会会長・小西重勝さんと有志の方数名が整備されたもの。けっして緩やかではない山道の中、これだけの道をつくることは簡単ではなかったと思います。

この小幌駅に魅了された人は少なくありません。有名なのは〝小幌仙人〟でしょう。

かつて小幌駅には仙人と呼ばれる男性が住んでいたそうです。といっても、もちろんそれは普通の男性でしたが、ピリカ浜に向かう途中の森の中に自力で小屋

右／小幌観音には、1666年に小幌の地を訪れたと伝えられる円空の手による仏像がおさめられている　左／観音の岩屋に入ると空気が澄み切っていて自然と背筋が伸びる

を建て、保線の仕事や林道の整備、冬は駅のホームの除雪などを手伝いながら、今は無き小幌駅待合室周辺で20年以上昔から暮らしていたそうです。先ほど降りたピリカ浜に向かう途中にあったベンチもこの仙人によってつくられたものだそうです。数年前に亡くなってしまったそうですが、20年もの長い間、都会の文明を離れ、秘境駅とともに生きつづけた仙人の人生とは、いったいどのようなものだったのでしょうか。

仙人に代わるように今もなお小幌駅を守り続ける一人の女性がいます。小幌駅の下りホームには、重しの乗ったふたつきのゴミ箱のようなものがあります。その中にはなんと駅ノートや周辺案内の冊子や、訪問した日付を入れて記念撮影に使える硬券風の特大入場券プレートなどが入っていました。

この駅ノートや周辺案内の冊子を作ったのが件《くだん》の女性だそうです。彼女は札幌に住みながら月に数回小幌駅を訪れることも。列車以外の来訪ルートも5つ知っていて、駅ノートの管理以外にもボランティアでゴミ拾いもしています。仙人とは違い、彼女はＳＮＳで小幌駅の「現在」をつづっています。私と年齢も近い女性が、時には険しい山道をこえ小幌駅に会いに来て、守り続けている。そんな事実がとてもうれしかったです。

## 秘境駅の魅力と観光資源としての可能性

もちろん小幌駅を守るのは個人の力だけではありません。ほぼ一般利用客のない小幌駅を廃止から救ったのは地元・豊浦町でした。秘境駅自体の人気もあり、歴史的にも地質学的にも価値の高い小幌駅を観光振興の拠点として町が管理するこ

右／ホーム上に設置された駅ノートに記入　中／ノートは現在9冊目。管理するのは自称「駅ノート管理人」の女性だ　左／記念撮影用の入場券プレート

とによって、その存続をJRに認めてもらったのです。定期的なボランティア清掃をはじめ、扉もこわれていたくみ取り式の便所を自然に優しく水を使わないバイオトイレに建て替えたり、秘境駅の魅力を多くの方に知ってもらうためにツアーを組んで案内したりと尽力されています。

しかしまだ小幌駅の永続的な存続が決まったわけではありません。JR北海道との契約は1年ごとに更新となっています。

※

私たちが秘境駅に引かれるのはその場所が「駅」だからではないでしょうか。走り行く列車の行く先に「駅」は必ずある。そんな「駅」が秘境への入り口となっているといった冒険めいた魅力。

そして同じように「駅」に引かれ、訪れる人がいる。そんな温もりがあるのも駅だからではないかと思うのです。だからこそこの場所は小幌駅として残り続けてほしい——鉄道ファンのひとりとしてはただ祈りながら行く末を案じるしかありません。

最後に、私が小幌駅を発った列車からは2人、日本一の秘境駅に降り立つ人がいました。

「どこからきたのですか？」

すれ違いざまにぶつけた不躾《ぶしつけ》な質問に驚きながらも、その男性は「広島からです」と答えてくれました。彼は一体この小幌駅で何を見つけていくのでしょうか。

（取材　2017年6月）

ドキュメント
小幌

6.5h

15時台に小幌駅に停車する上下線の列車で来れば、約30分〜1、2時間の滞在体験も可能。その際には、撮影マナーやごみ持ち帰りのルールなどを順守したい

| | |
|---|---|
| 8:38 | 上り長万部行き472Dから下車 |
| 8:59 | 上り「スーパー北斗4号」通過 |
| 9:12 | 下り「北斗3号」通過 |
| 10:16 | 下り貨物3097列車通過 |
| 10:31 | 下り「スーパー北斗5号」通過 |
| 10:47 | 上り「スーパー北斗6号」通過 |
| 11:39 | 上り「北斗8号」通過 |
| 11:44 | 下り「スーパー北斗7号」通過 |
| 11:58 | 上り貨物3084列車通過 |
| 12:06 | 下り貨物3059列車通過 |
| 12:31 | 下り「スーパー北斗9号」通過 |
| 12:50 | 上り「スーパー北斗10号」通過 |
| 13:54 | 下り「スーパー北斗11号」通過 |
| 14:24 | 上り「北斗12号」通過 |
| 14:34 | 上り貨物3056列車 |
| 14:52 | 下り「TRAIN SUITE 四季島」通過 |
| 15:13 | 上り長万部行き478Dに乗車 |

# 都会を走る秘境路線

# 鶴見線

神奈川県／鶴見〜海芝浦・大川・扇町間

文
谷口礼子

秘境路線といえば、
普通は都会から遠く離れた
ローカルな鉄道を想像するだろう。
ところが意外にも東京駅から
たった30分という地にも秘境路線がある。
生まれてはじめて訪れるJR鶴見線で、
思わず深呼吸したくなるような
都市型秘境の風景を見つけた。

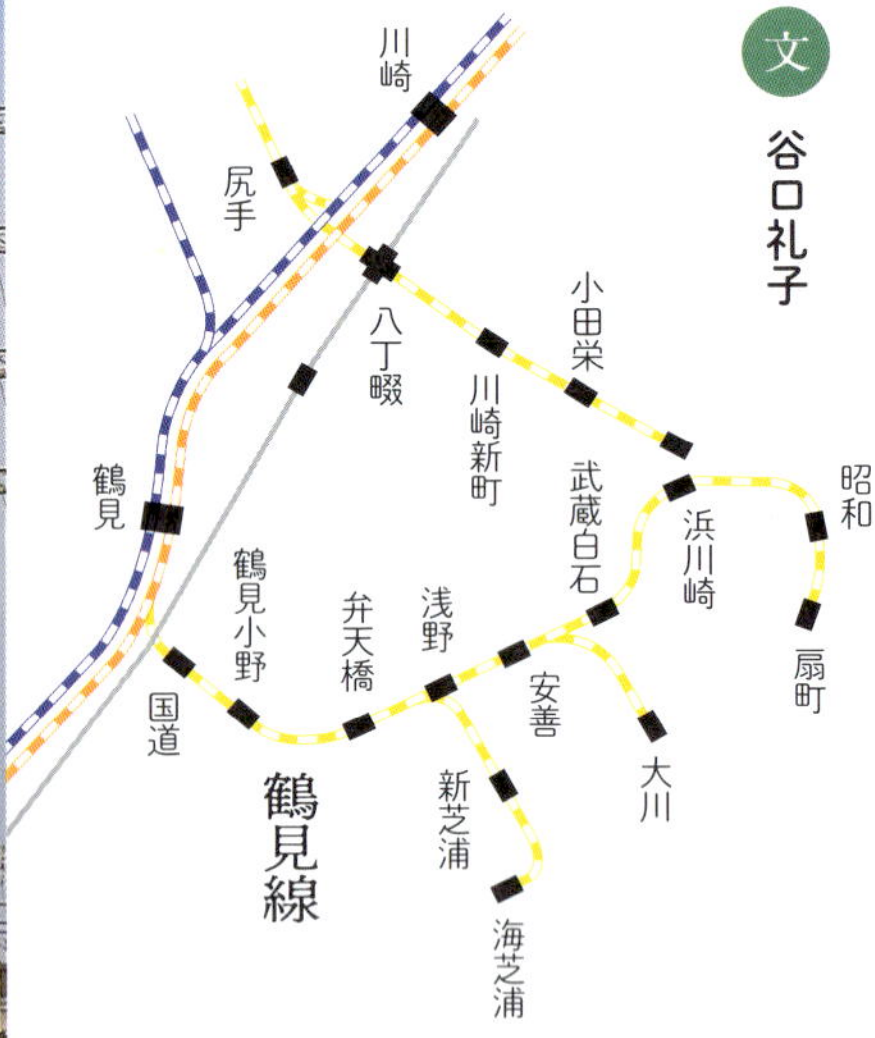


鶴見線区間別運行本数表

| 区間 | 鶴見〜海芝浦間 | 鶴見〜大川間 | 鶴見〜扇町間 | ※鶴見〜弁天橋間 |
|---|---|---|---|---|
| 平日 | 1日 26.5往復 | 1日 9往復 | 1日 33.5往復 | 1日 89.5往復 |
| 土休日 | 1日 16往復 | 1日 3往復 | 1日 25.5往復 | 1日 68往復 |
| 最大運行間隔時間（平日） | 2時間0分 | 8時間36分 | 2時間11分 | 50分 |
| 最大運行間隔時間（土休日） | 2時間0分 | 9時間44分 | 2時間5分 | |

※最も運行本数の多い区間（上記区間と重複あり）

撮影／松尾 諭

大川駅から引き上げる朝の時間帯の最後の列車。鶴見線の列車は通勤型ロングシートの205系3両編成だ

# 大《おお》川《かわ》駅

鶴見線大川支線の終着駅。開業は1926（大正15）年で、駅名は「日本の製紙王」と呼ばれた大川平三郎にちなむ。鶴見線の電車が発着する線路のほかにも、構内には線路が敷かれているが、貨物列車が廃止された2008（平成20）年以降は使用されていない。

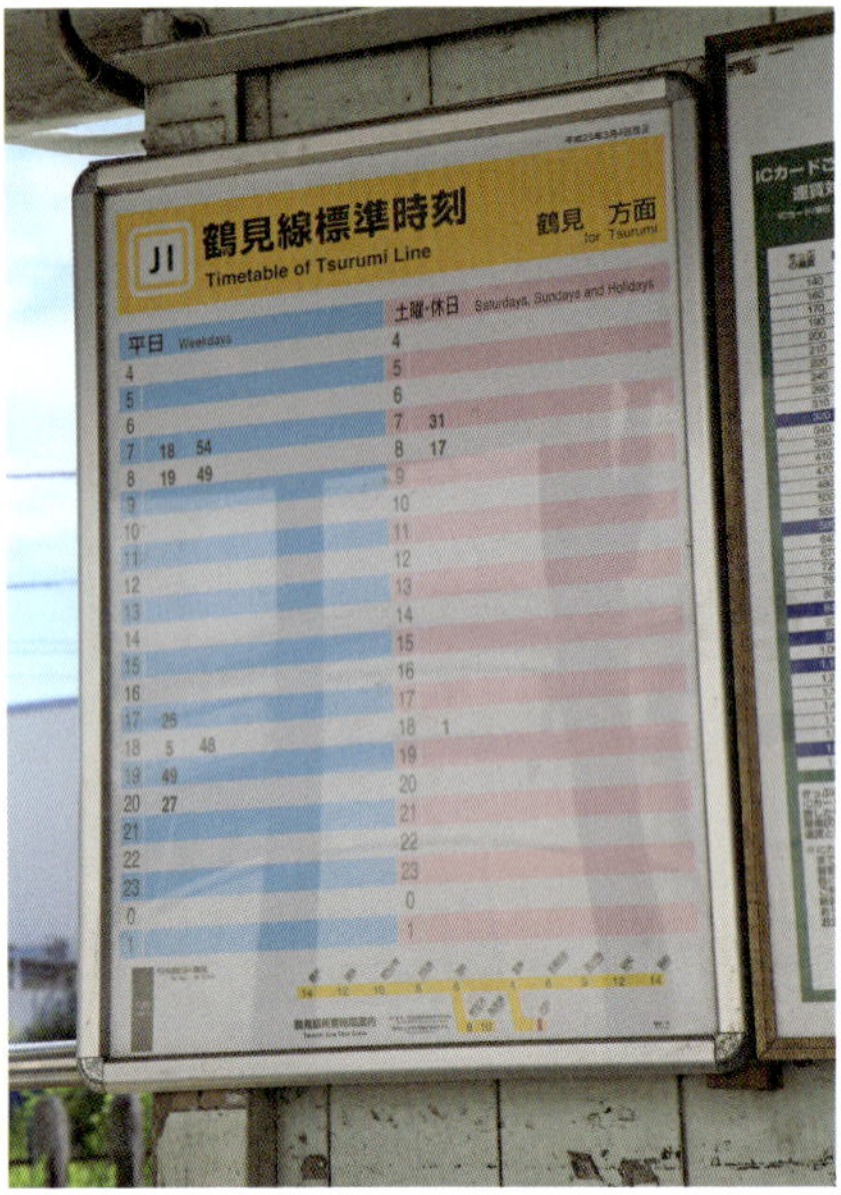


運行本数の少ない大川支線。
時刻表はまさに秘境駅

## 朝の仕事を終えた大川駅
## 次の列車は8時間半後

平日朝8時過ぎのJR鶴見駅。改札前で立ち止まるのは私ぐらいのものだった。慣れた様子で改札をくぐる人、乗り換えに急ぐ人。都会の人波の中で立ち位置に戸惑う私を横目でチラリと見ながら、通勤客が足早に私の前を通りすぎていく。8時27分発の大川行きは、この朝の大川行き最終列車である。鶴見線ホームいっぱいに並んだ通勤の人に交じり列車に乗り込む。これから秘境を探しにいくという実感は、まだ湧かない。

鶴見駅を出発すると線路は大きく左にカーブを描いて東海道本線を跨《また》いでいく。鶴見小野と安善《あんぜん》で多くの通勤客が降り、私も席に座ることができた。安善から先は大川支線の急カーブに差しかかる。キュルキュルとレールと車輪がこすれる音を盛大に上げながら、列車はゆっくりとカーブを曲がり、終点の大川に到着した。列車を降りると、乗客は簡易型のIC改札機にカードをタッチして、列になって踏切を渡りはじめる。勢いよく茂った雑草が線路を埋め尽くしている。緑色の草むらの中を、黙々と列になって歩いていく人々の姿は、とても「通勤」という文字に似つかわ

朝の通勤客がいなくなって閑散としたホーム。線路は草でいっぱい

しくない風景だった。

人のいなくなった駅から列車がゆったりと引き返していくと、私はひとり、ホームに取り残された。次の列車は約8時間半後の17時25分。朝の業務を終えた大川駅は、朝日の中でのんびりとたたずんでいる。ふと気づけば、首都圏とはまるで思えないような静かな時間が流れていた。

## 工場敷地内にある海芝浦駅
## 駅横の公園でのんびり

大川駅から浜風に吹かれながら10分ほど歩き、本線の武蔵白石駅に戻った。鶴見行きに乗り、浅野で海芝浦行きに乗り換える。次の目的地は終点の海芝浦。秘境路線・鶴見線のなかでもこれこそ〝都会の中の秘境〟と、編集部イチオシの駅である。

扉が開いてホームに一歩足を踏み出すと、眩しい光と海からの風が私の身体を包んだ。「わあっ」――青い空と、揺れてきらめく水面が目の前にある。思わず柵に取りついて、しばらく海を眺めた。この駅は、もともと芝浦製作所（現・東芝）への通勤のためにつくられた専用線だったため、社員以外は駅外へ出ることができない。自動改札のように見えるゲートは、社員カードをタッチするためのもの。一般

# 海《うみ》芝《しば》浦《うら》駅

1940（昭和15）年に開業した鶴見線海芝浦支線の終着駅。東芝京浜事業所の敷地内にあり、東芝の社員・関係者以外は一般開放されている「海芝公園」を除き、駅の外に出ることはできない。ホームは海に面しており、関東の駅百選にも選定されている。

上／時折吹く潮風が心地よい海芝浦駅。柵の向こうの海は京浜運河である　下／海芝公園のベンチでひと休み。鶴見つばさ橋や横浜ベイブリッジも望める。開園は9時〜20時30分

客は列車で引き返すしか方法がない、まさに秘境駅だ。

しかし、実は、海芝浦の魅力に引かれてやってくる乗客は多いそうで、駅の隣には東芝の計らいで、海を眺めることのできる公園が用意されている。細長い敷地に緑が植えられ、海を見わたせるベンチが置かれていて、遠くを行き交うさまざまな船を見ていると、いつまでも飽きることがなかった。

11時11分着の列車から降りてきた観光客は、3組5人。鉄道ファンらしい男性と、カップルが1組、そして、小さな男の子を連れたおばあちゃんだった。カップルの伊崎さんと森川さんは、休みを合わせて海芝浦にやってきた。「南武線沿線に住んでいるので、鶴見線の存在は知っていましたが、実際に来るのははじめてです」「昨日は大雨でしたから、今日は晴れてうれしいです。海も空も青くてとてもきれいですね」と笑顔だった。折り返しの列車が発車するまでの15分弱の間に、3組とも海芝公園を眺めて戻ってきた。次の列車は2時間後。さすがに折り返しの列車を見送る人はいないようだ。一つ前の列車で到着した私は1時間半以上海芝浦にいたのだけれど、都会時間で暮らしていたら、信じられない時間の使い方かもしれない。

# 国《こく》道《どう》駅

1930（昭和5）年に開業し、当時の駅舎が今も残りレトロな雰囲気が漂う。駅舎の壁には太平洋戦争中に、米軍機の機銃掃射によって刻まれた弾痕が見られる。駅名は国道15号（第一京浜）と交差することに由来する。

上／国道駅のホームは高架上にあり、平たいアーチを描く鉄骨の屋根が印象的だ。改札口へは階段を下る　下／薄暗い高架下の空間。かつては多くの商店が店を開いていた

## まるで異世界
## 昭和を色濃く残す国道駅

鶴見から一つ目の国道駅。何気なく降りた階段の踊り場で、私は驚きのあまり立ちすくんでしまった。見下ろす国道駅の高架下は、がらんと広く薄暗い異空間だった。ホームと同じようにカーブした高架下の通路は、柱から柱に連なる白い大きなアーチに支えられている。ホームから射し込む光が映しだす通路内は、両側に扉や窓があるが、閉ざされて人の気配を感じない。駅前に停められたたくさんの自転車を見ると、この駅の利用客が少なくないことが分かる。それなのに、まるで時が止まっているかのようだ。

1930（昭和5）年に鶴見臨港鉄道の駅として開業した国道。高架下の通路は「臨港デパート」と名づけられ、当時としては珍しかった店舗兼住宅の立ち並ぶおしゃれな商店街として繁盛したという。しかし、今この場所で営業している店舗はたったの1軒。16時から20時までという短い間、赤ちょうちんのともる焼き鳥屋「国道下」だけ。古びてほこりをかぶったままの看板や消えかかった文字の残る商店跡を、私はドキドキしながら一つひとつ見ていった。

やがてちらほらと駅に人影が集まってきた。絵画サーク

猫が列車に接触しないように心配りする優しい車掌さんを乗せて列車が引き返していく

# 扇《おうぎ》町《まち》駅

鶴見線本線の終着駅。駅の周辺には化学工場が多く、それらの工場敷地内からは、いまも貨物列車が発着する。無人駅ではあるが、構内にはJR貨物の詰所もある。駅周辺は野良猫が多く、猫のいる駅としても知られている。

上／隣接する工場の曲がりくねるパイプ。スケールが大きい　下／木製の三角屋根の上屋。こちらも年季が入っていて、ローカル路線の風情だ

ル「栄アート会」のメンバーで、午前中から駅周辺で写生会をしていたのだという。会長の小栗さんは、「この駅、いいでしょう」と満足そう。建築のお仕事をされてきたという小栗さん、絵は中学生のころからたしなんでいらっしゃるという。〝都会の中の秘境〟というテーマで来ているんです、と私が言うと「私は飯田線の飯田出身なんです。秘境ねえ、それならやっぱり私の地元が有名でしょう」。

メンバーが集まると、高架下にそれぞれが仕上げた今日の絵を並べ、お互いの作品を見あう展覧会がはじまった。つかの間の駅のにぎわいに、心が温かくなった。

## 日中は2時間に1本の扇町駅
## そこは猫の楽園

終点の扇町に降り立つと、ホーム上に何匹もの猫がいた。人が近づいても逃げようとせず、堂々と列車を見送っている。時刻表を見ると、昼間の列車は2時間に1本。立派な秘境である。猫たちもきっとそれを知っているのだろう、風通しのよいホームや駅舎の日陰に居心地がよさそうに横になり、昼寝の真っ最中の猫もいる。木陰をそっとのぞくと、お母さん猫が子猫にお乳をあげていた。

ホームに建つ上屋《うわや》には「昭和2年4月」と書かれていた。

# 浅《あさ》野《の》駅

鶴見線の本線と海芝浦支線の分岐駅で、駅名は鶴見線の前身である鶴見臨港鉄道の創業者・浅野総一郎にちなんでつけられた。本線から分岐した先にある海芝浦支線の下りホームは、三角州のような形状が特徴的だ。

上／隣接する工場の曲がりくねるパイプ。スケールが大きい　下／木製の三角屋根の上屋。こちらも年季が入っていて、ローカル路線の風情だ

扇町駅は貨物の専用線として28（昭和3）年に開業したという。そのころから変わらずここに建っているのだと思うと、駅とはいえ尊敬してしまう。

## 三角形のホームが特徴的な支線との分岐点浅野駅

浅野は海芝浦へ向かう支線が分岐するため、分岐のカーブに合わせてつくられた三角形のホームが珍しい。広い構内には、やはり雑草が生い茂っていた。海芝浦行きのホームはかなりの急カーブ上にあり、列車が止まるとホームとの間に隙間ができる。その隙間からも背の高い雑草が顔を出している。ホーム上屋にスズメが住みついているようで、屋根の隙間を忙しく出たり入ったりしている。のどかな午後の光景だ。

草に夕日が映りはじめると、一日の仕事を終えた人々がぱらぱらと駅に集まってくる。工場地帯の夕暮れ、そろそろ帰宅ラッシュの時間である。ほとんどの人々が、ここよりも都会の駅へと帰っていくのだろう。

夕景が美しいと聞いて、ふたたび海芝浦駅を訪れた。あと数日で夏至を迎えるというこの日の日没は18時59分。磯の香りが増した夕暮れの海は空を映して昼間よりも淡い水

色になっている。朝と比べて少しほっとしたような就業後の空気の中で、刻々と変わる空と海の色を見つめた。19時30分。空と海の境目が消えていく。対岸の鶴見つばさ橋の橋脚が緑色に光りはじめた。

（取材　2017年6月）

上／海芝浦駅のホームから夜景を望む。橋や工場の明かりが幻想的　下／夜の近づく海芝浦駅。ラッシュが終われば乗客の姿はまばらだ

鶴見線 DATA

開業年：1926（大正15）年
全通年：1940（昭和15）年
起終点：鶴見・扇町、
浅野・海芝浦、
武蔵白石・大川
営業距離：9.7㎞
駅数：13駅

# 秘境「遠山郷」をめざし、秘境駅と未成線をたどる

着工したにもかかわらず、夢半ばにして工事を終えた未成線の跡を探しつつ、沿線の秘境、廃線を求めて旅する秘境の旅。天竜浜名湖鉄道から飯田線へと山間を結ぶルートを地図研究家の今尾恵介が訪ねた。

文
今尾恵介
いまお・けいすけ
1959年、神奈川県生まれ。小・中学生のころから時刻表や国土地理院の地図に親しんできた。大学中退後、出版社勤務を経て独立し、執筆活動を始める。空前のヒットとなった『日本鉄道旅行地図帳』（新潮社）を監修。著書に『地図入門』（講談社）などがある。

撮影／坪内政美

# 昭和の面影を残す天浜線から、光明電鉄廃線跡、そして未成線の佐久間線へとたどってゆく。

## 天浜線から旅を始める

東海道本線で最長の鉄橋が架かる天竜川を遡《さかのぼ》り、山に入る手前に二俣《ふたまた》の町がある。最近まで天竜市と呼ばれていたが、今では広大な浜松市天竜区の一部だ。この町を通るのが旧国鉄二俣線、今は第三セクターの天竜浜名湖鉄道、略して天浜線である。この鉄道は、海ぞいを走る東海道本線に「万一のこと」があった際の迂回《うかい》路として計画され、1940（昭和15）年に全通した。その線の中心、現在では天浜線本社のある天竜二俣駅（国鉄時代は遠江《とおとうみ》二俣）から分岐して天竜川にそって遡り、飯田線の中部《ちゅうぶ》天竜駅までを結ぶ計画で建設されたのが佐久間線で、工事はいくらか進んだものの国鉄財政の悪化で中断、いくつかのトンネルや橋梁、築堤などが未成線の遺構として点在している。

今回は一度も列車が走らなかった佐久間線の遺構をたどりながら北上、水窪《みさくぼ》から飯田線に乗って「秘境駅」を訪ねつつ、翌日はまた別の未成線、飯田から木曽山脈を抜けて中津川をめざすはずだった国鉄中津川線の痕跡をたどってみよう。

天浜線の起点は掛川駅である。朝6時54分発の気動車で北西をめざす。掛川で東海道本線と分岐するのは、東海道の掛川宿から秋葉道が分かれるのと同じ具合で、遠州森《えんしゅうもり》まではその道に近いルートだ。天浜線は国の登録有形文化財に指定された駅舎や橋梁などが多いことで知られており、この列車の終点・遠州森の駅舎

昭和10年建築の木造駅舎やホームも国の登録有形文化財になっている遠州森駅。この駅止まりの列車も設定されている

もそのひとつである。駅は1935（昭和10）年に第一期開業区間の終点となり、開業以来の駅舎は2018（平成30）年の4月で83歳。構内踏切がホームの一部を欠いた階段に繋がっているのは、かつて全国に存在した旧国鉄式のローカル駅だが近年では珍しく、このホームも文化財だ。

次の列車で遠州森から先へ向かう。この区間は40（昭和15）年開業だが、天竜二俣駅の手前に二つ連続するトンネルは開業10年前の30（昭和5）年から列車が走っていた。光明《こうみょう》電気鉄道という薄命の鉄道が掘ったトンネルを転用したものである。この鉄道は開業時から経営が苦しく、電気代滞納で送電が止められて35（昭和10）年に休止、そのまま復活せずに廃止された。ほとんど遺構はなくなったが、この二つのトンネルだけは現役で使われている。

天竜二俣駅からは、かつての国鉄バス天竜本線を踏襲した遠鉄バスで北上すれば佐久間線の未成線遺構は探訪できるが、スケジュールの都合で坪内政美カメラマンの車で手っ取り早く回ることにした。あわよくばこのバスに部分的にでも乗って雰囲気も味わいたいという欲張りな企画である。

## 佐久間線の未成線遺構をたどる

佐久間線の路盤ができたのは7㎞ほど国道を遡った相津《そうづ》までの区間なので、遺構はその間に集中しているが、その前に前述の薄幸の先輩・光明電気鉄道二俣口駅の遺構を確認しておこう。まさか残っていないと思い込んでいたが坪内さんがご存知で、天竜二俣駅のすぐ西側の線路際に短いホームの残骸があった。少し先には民家の裏手に短いトンネル遺構もあるが、こちらは省略。付近を流れる阿蔵《あくら》

いかにも静岡らしい茶畑を車窓に1両のTH2100形気動車は天竜二俣を目指す。遠江一宮〜敷地間

レトロな駅名板に思わず見惚れる。ホームの柱は明治のカーネギー製など貴重なレールが使われているのも注目

川にそって駅から約900m遡ると、佐久間線の阿蔵川橋梁が現れる。PCコンクリート桁は健在で、それに続く築堤へ登ってみる。南側の白山トンネルはフェンスで塞がれているが、コンクリートのポータルは新しい。いったい何億円が投入されたのだろうか。

国道は船明《ふなぎら》ダムの水面を左手に見ながら北上するが、ダム湖に斜めに架かる連続アーチ橋が「夢のかけ橋」という遊歩道（2000〈平成12〉年完成）だ。長らくダム湖上にぽつりぽつりと顔を出していた佐久間線の橋脚にアーチを架けたもので、渡った対岸の伊砂《いすか》地区にはボートパークがある。この橋のすぐ北側にあるのが相津《そうづ》駅予定地すぐ近くの「浜松ワインセラー」である。

ここは1kmほど掘って行き止まりになっている相津トンネルの空間を利用したもので、国鉄清算事業団から天竜市（現・浜松市）が無償譲渡を受けたものだ。年間15～16度という涼しく安定した気温がワインの熟成に最適なのだという。今回は取材で中を見せてもらったが、30度を超える蒸し暑い外から一歩踏み込むと格段にひんやりと心地よい。空調を一切使わない「環境にやさしい施設」として評価されており、今では首都圏を含むワイン愛好家たちが使用料を払ってボトルを寝かせている。

相津発12時30分のバスには間に合わないので、坪内さんのクルマで追いかける。ここから先は目立った未成線遺構もないのでひたすら国道を北上、川の東に聳《そび》える秋葉山《あきはさん》に立ち寄った。火伏せの神として古くから知られ、全国に数多くの末社がある。東京の秋葉原も火除け地の広場に秋葉神社を勧請《かんじょう》したことにちなむ地名だ。西雲名《にしうんな》バス停の先で国道を東へ折れて天竜川を渡り、大鳥居をくぐる。今回

1974年に完成していた築堤と架道橋を潜る。40年以上の歳月を経てなお、新品同様なことに驚いた

天竜二俣駅構内に現役で残る転車台と扇形車庫。ジオラマのような鉄道風景は毎日、一般向けの見学会を実施

はクルマで登ったが、徒歩なら秋葉神社の上社《かみしゃ》まで2時間。秋葉神社の上社は標高約850m、国道からの標高差が約770mあるが、もちろん江戸時代の参詣者は老いも若きも、歩いてその道をたどったはずである。

慌ただしい参拝を終えて国道152号に戻る。天竜川本流を秋葉ダムで堰《せ》き止めた秋葉湖に沿って走るうち旧佐久間町内に入った。川の両側ともかなりの高さをもつ斜面が迫っている。この道を北上する西鹿島《にしかじま》駅前（遠州鉄道）発水窪《みさくぼ》町行きの遠鉄バスは1日5往復だけであるが、そのうち昼のバスを追い抜き、間庄口《ましょうぐち》というバス停からその水窪町行きバスに乗り込んだ。客は数人しかいないけれど、地方のローカルバスでは客が自分だけというのも珍しくないので、かなり高い乗車率かもしれない。

## ダム建設により駅が誕生した水窪から、飯田線で秘境へ。

### 飯田線で為栗駅へ

山峡の道を20分少々の乗車で終点の水窪町。来た道を少し戻って橋を渡れば水窪駅である。ここからは飯田線に乗って秘境駅・為栗《してぐり》を目指す。電車はまず全線最長の大原トンネル（5062m）で山を抜けて旧線上の大嵐《おおぞれ》駅に至る。天竜川を隔てた向こうは愛知県で、しばらくダム湖となった天竜川ぞいの峡谷を進む。天龍村の中心地・平岡駅の次がめざす為栗駅であるが、大嵐からここまでの区間だ

船明と書いて「フナギラ」とは珍しい地名。ダム湖を横切る「夢の架け橋」は橋脚を利用したもの。

年間通して約15度だという天然のワインセラー。奥には、全国のワイン通から預るさまざまな洋酒が眠る

けで実に37のトンネルをくぐる。
為栗駅で降りたのはもちろん私一人で、小さな待合ボックスと片面のホームだけの駅には待つ客も皆無。2012(平成24)年度の1日平均乗車人数はそれでも4人いるそうで、線路の山側の民家や、地形図を見渡せば徒歩数十分圏内に点在する家の住人がたまに利用するのだろう。駅に通じる道は自動車が通れない天竜橋という吊り橋だけ。線路にそって歩くとすぐ飯田線の為栗第五トンネルの前を過ぎるが、プレートに記された80という数字は、豊橋方面からのトンネルの通し番号。飯田の先の138番までこの先も延々と続く。

天竜橋を渡る。平岡ダムの少し上流なので天竜川は湖面のようで流れは感じられないが、1951(昭和26)年竣功で堆砂率《たいさりつ》(ダム完成後の湖底に溜まる砂の割合)が8割を超えているというから砂地が出たところも多い。吊り橋の欄干部分には天龍小学校の子どもたちが取りつけた巣箱があった。近くの看板によれば、絶滅危惧種の野鳥、ブッポウソウを育てるためだそうである。対岸から振り返れば、先ほど降りた為栗駅が「湖畔」の擁壁《ようへき》上に見えている。その背後は鬱蒼《うっそう》たる森で、少し左へ目を移せば、モスグリーンに塗られた昭和初期の三信鉄道時代に架けられた、優美な曲弦ワーレントラスの万古《まんご》川橋梁が風景に溶け込んでいる。

橋のたもとでずっと鳴っていた除草機のエンジン音が不意に止まり、静寂は一層深まった。ダムができる以前は天竜川の瀬音が下の方から響いていたのだろう。誰もいないホームに戻って平岡への上り電車を待つと、先ほどの万古川橋梁を渡る轟々《ごうごう》たる響きの後で電車が入ってきた。ドアの開ボタンを押して乗り込み、次の平岡駅までひと駅。

次の列車まで約1時間30分の待ちぼうけ。路線バスとの接続がなかなかうまくいかない

秋葉神社の権禰宜(ごんねぎ)鬼頭さんに案内されたのは、1831年建造の神門。諏訪三郎作の精巧な彫刻

## 偶然見つけた森林鉄道資料館

平岡から秋葉街道の宿場町・和田までは乗合タクシーで向かう。小型バスで運ぶほどの人数もないと、各地で同様なことになっている。真新しいトンネルもで

2011年に老朽化した119系を置き換えるために導入された213系が飯田線を走る

きて道路事情はかなり良くなったので20分ばかりの道のりだが、乗客は私のほかに高校生が1人だけ。若い運転手さんは話し好きで、鮎《あゆ》が解禁になったばかりの遠山《とおやま》川で、愛知から来たお客さんが100匹も釣って帰ったそうだ。途中で高校生を降ろすが、顔を覚えているのでどこで降りるか把握しているという。秋葉街道の宿場町の面影が残る和田の終点で坪内さんと合流、クルマで今日の宿泊地・下栗《しもぐり》まで行く。「天空の里」として注目されているところだ。

木沢《きざわ》の集落を通過しようとすると、「ネコ校長のいる木造校舎」の看板が目に入った。もう18時半に近いがちょうど夏至に近くまだ明るいので、ちょっと寄り道してみよう。2000（平成12）年に閉校した木沢小学校で、校庭に入ると「遠山森林鉄道レール」の札と無造作に転がったレールと車輪が目に入った。校舎の2階は遠山森林鉄道にまつわる林鉄資料館になっている。キロポストなどの各種標識や平面図のコピーなどが所狭しと並べられていて、偶然にもこれほど濃度の高い資料館に出合うとは驚いた。

たまたま「夢をつなごう遠山森林鉄道の会」を立ち上げた前澤さんが来られた。事前に何の連絡もしていないのだが、こういう偶然もあるものだ。お話を伺うと、この会は11（平成23）年に発足、廃止されて40年ほどの森林鉄道を「復活」させる取り組みを地道に進め、ずっと雨ざらしだった林鉄のディーゼル機関車を先ごろエンジンを新調して修復し、ついに動くまでに仕上げたという。レールも地元各所に散っていたものを回収、かつて林鉄で線路保守を経験した人の指導を仰ぎながら、かつて林鉄の起点の土場《どば》（貯木場）にあたるスペースに「梨元ていしゃば」を復活、線路を少しずつ敷設している。愛想のいいネコ校長も現れ、いつの

遠山川ぞいに延びる国道418号線を走る乗り合いタクシーで終着の和田へ料金は500円。約40分の距離だ

宿から徒歩で約20分行くと下栗の大俯瞰が楽しめる。秋から冬の冷えた朝には雲海が広がる。一部険しい山道もあるが、よく整備されている

間にかひざでゴロゴロ言っている。

## 翌朝も森林鉄道資料館へ

下栗で朝の絶景を堪能してから下山、「梨元《なしもと》ていしゃば」へ行ってみると前澤さんがすでにお待ちで、森林鉄道に関する資料のコピーもいただき恐縮する。車庫を開けて見せてくれた機関車は、かつて雨ざらしだったとは思えないほど整備されていた。連結する客車は大工さんが新造してくれたという。線路の敷設現場では、真新しい犬釘で枕木にレールを固定する作業の途中という状況で、これからカーブの線路を敷設し、「ラケット型」につなげるという。何はともあれ「林鉄の新線建設」の現場に立ち会えるなど滅多にあるものではない。下栗の絶景を俯瞰《ふかん》するビューポイントの展望台も手づくりだったが、住民がそれぞれの得意技を生かしていろいろなものを作る姿勢には共感する。

林鉄の工事現場を後にして、すぐ目の前の本谷口バス停から9時10分発の飯田駅前行きバスに乗った。ここからは1日わずか3往復であるが、山を貫いて旧上《かみ》村から喬木《たかぎ》村を直結する長い矢筈《やはず》トンネル（4176m）が1994（平成6）年に開通したので、つづら折りの峠道の頃より大幅に時間が短縮されている。

# 草の刈られた築堤の上、中津川線の未成線跡を歩く。

ひたすら国道を飯田に向かって走るバス。飯田駅前行きバスは1日3便。くれぐれも乗り遅れのないように！

## 中津川線の未成線跡を訪ねる

1時間24分の乗車で飯田駅に到着。ここからは坪内さんの車でもうひとつの未成線・国鉄中津川線の痕跡を探る。こちらの現場は飯田駅から信南交通バスの駒《こま》場《んば》線（一部は昼神《ひるがみ》温泉行き）がほぼ1時間おきに国道153号を走っているので、公共交通だけで訪ねられるのは気軽だ。この道は重畳《ちょうじょう》たる山をいくつも越えて豊田市へほぼまっすぐ続いている。信州から三河へ通じるため三州《さんしゅう》街道とも呼ばれる。中津川線は切石《きりいし》駅付近で飯田線から分岐して南西へまっすぐ進むはずだったが、路盤が明瞭に残っている二ツ山トンネルの近くへ直行した。

飯田市の伝統工芸を展示する「ふるさと水引工芸館」のすぐ北側から始まる築堤がそれで、なぜか草も適度に刈られているのでトンネルまで歩くのは簡単だ。築堤が幅広くなった箇所が伊那中村駅（中津川起点31キロ370メートル）予定地だろう。形状からすれば1線スルーで有効長はせいぜい100mもない程度か。トンネルは全長1564mと結構長く、プレートによればこちら側の坑口から始まる工区（1031m分）は69（昭和44）年6月12日に竣功している。46年も前のことだが、コンクリートはまだ十分新しい。フェンスで塞がれた中には箱が多数積んであり、倉庫として使われているようだ。地元の40代の人に聞けば、子どものころは全部歩くことができたという。

反対側へ行ってみたが、こちらは養豚場の脇の築堤があまりに草が深くて断念した。近くの築堤へ出ると、こちらは草が刈られて両側に新しい柵まで設置されている。地元の人に尋ねると山本小学校の通学路だそうだ。そこから西側の路盤

県道233号からミニ公園を抜けた先に延びる中津川線の築堤。この先は入ることはできないがトンネルが確認できた

も、地形図によれば細道で残っているはずだったが、今は片側2車線の広いバイパスの用地に飲み込まれており、これから先の追跡は無理だろう。バイパスに土地を売って「御殿」を建てた人が多いという話を先ほど地元の人に聞いてきたが、なるほどそれらしき豪邸が点在している。たまにしか列車が来ない鉄道が通るより、バイパス御殿の主には良かったのかもしれない。

## トンネル予定地だった昼神温泉へ

そのバイパスを通って昼神温泉へ赴く。この温泉は工事の際に湧いたお湯と聞いているので、「湯元ホテル阿智川《あちがわ》」の熊谷さんに尋ねると、実はずっと昔から一帯には湯が湧いていたのだという。後で阿智村の図書館で『阿智村誌』を調べると、水抜きボーリング工事中に微温水が出た土地がまさに「湯の瀬」という地名だという。村はその後本格的な温泉掘削に乗り出し、深さ約40ｍの温水脈から毎分150～200リットルが噴出した。

温泉が出るきっかけとなった約13・3㎞にも及ぶ神坂《みさか》トンネルはその後の国鉄の財政悪化で工事がストップしたが、これと並行してほぼ同時期に工事が始まった中央自動車道の恵那山《えなさん》トンネルは1975（昭和50）年に無事貫通、毎日多数のクルマが行き交い、名古屋と南信地方を便利に結んでいる。両者の明暗を分けたのはモータリゼーションの急速な進展である。

中央道とは対照的に中津川線のトンネル群はフェンスで塞がれ、一度も走らずに数十年を過ごした路盤は草の道となり、あるいはバイパスの中に埋もれ、もはや列車がここを通ることはない。詮ない話ではあるが、工事があと10年早く始ま

昔は近道として地元住民も歩いて利用していたという「二ツ山ずい道」。現在はフェンスが張られていた

飯田線と未成線を結ぶ旅MAP

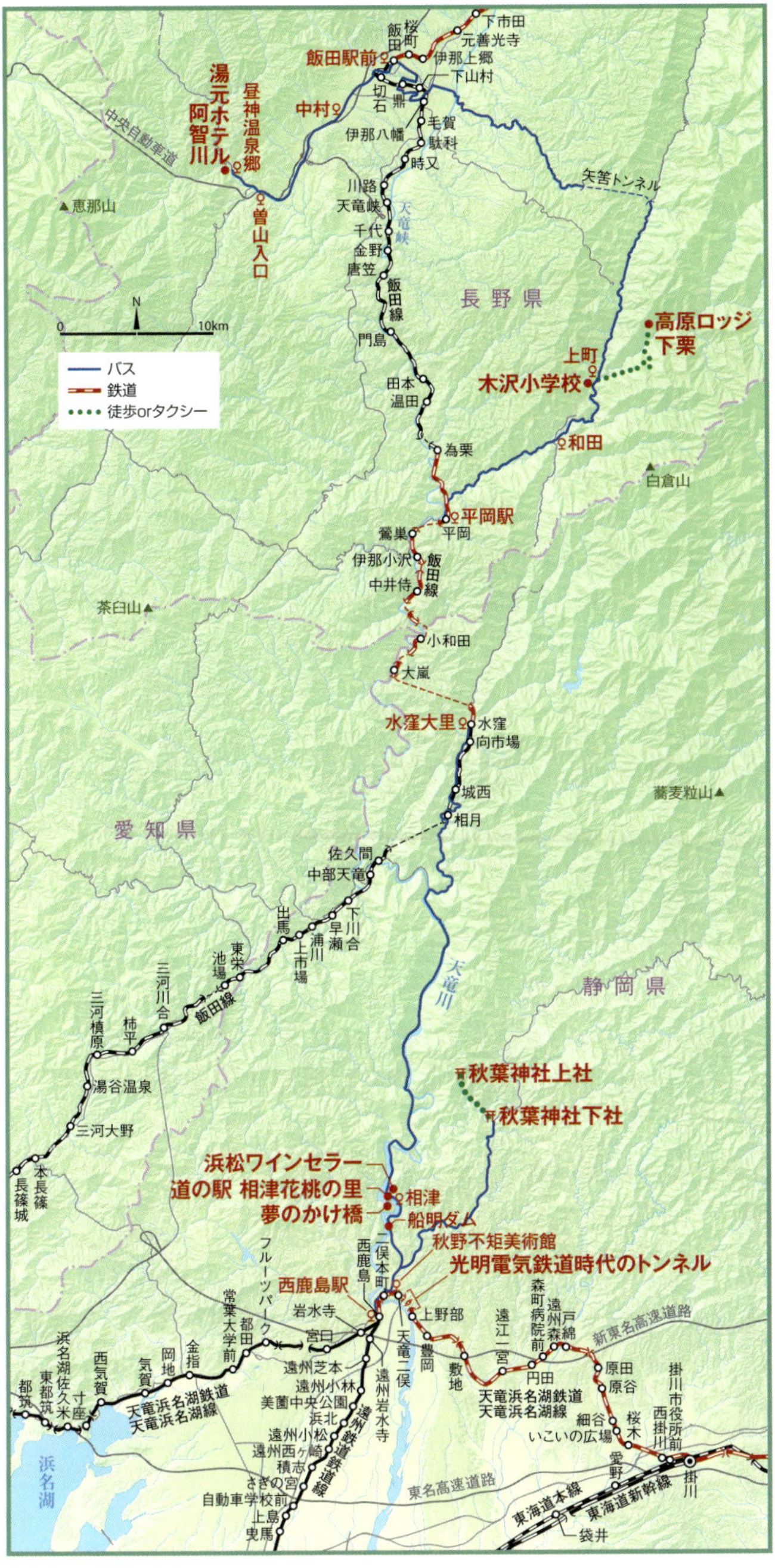


っていたら、名古屋から飯田へ向かう特急電車が今も走っていたかもしれない。田んぼ転じてにぎやかな温泉街となった昼神で昼食の蕎麦《そば》をいただきつつ、戦後の交通の激変を思った。

（取材　２０１５年６月）

# 未成線 佐久間線の物語

## 天竜二俣から中部天竜へ

**天竜川中流域の〝空白区間〟に残された鉄道施設の遺構**

### 天竜川を離れた飯田線の穴埋め

国鉄佐久間線は天竜川にそう、長野県伊那《いな》～静岡県遠州《えんしゅう》地域間を結ぶルートの一部として計画された。日本の鉄道の多くは水運による結び付きが強いことに加え、勾配が比較的緩い河川流路の谷あいをつないで建設されるケースがほとんどだ。ところが、国内有数の大河のひとつであるはずの天竜川に限っては昭和初期の大規模水力電源開発事業にから

遠鉄バス山王橋停留所横に鎮座する二俣川橋梁の橋脚。奥にはそれをつなぐ築堤がダイナミックに残る

国道152号から少し入った光明小学校のすぐ脇に堂々たる築堤が残っていた。小学校の名前はかつて光明村（光明山にちなむ）であった名残だ

#### 佐久間線 DATA

遠江二俣～中部天竜間　約35km
1922（大正11）年　計画
1980（昭和55）年　計画廃止

#### おもな遺構ポイント

船明《ふなぎら》トンネル坑口
（気象庁気象研究所観測施設）

天竜川第二橋梁
（夢のかけ橋）

相津《そうづ》駅予定地
（道の駅「天竜相津花桃の里」）

相津トンネル坑口
（「浜松ワインセラー」）

み、中小資本の私鉄が〝つぎはぎ〟に路線を延ばした。そのため、各私鉄線を統合した現・JR飯田線は中部天竜で天竜川水系を離れ、豊川水系ぞいに愛知県東三河（豊橋）に向かうという特異な形になってしまった。

佐久間線は、そんな天竜川中流域の〝空白〟を埋めるべく、二俣線遠江《とおとうみ》二俣（現・天竜浜名湖鉄道天竜二俣）～中部天竜間、約35kmのルートで具体化された。1922（大正11）年に予定線、57（昭和32）年に調査線、62（昭和37）年には工事線へと順調に〝昇格〟し、67（昭和42）年には遠江二俣～遠江横山（仮称）間の約13kmが、日本鉄道建設公団（現・鉄道建設・運輸施設整備支援機構）の手により着工。進捗率が約50％に達したため、未成線としてはトンネルや橋梁、築堤などの遺構が比較的多く残されている。

佐久間線MAP

夢のかけ橋の前後をたどると築堤などから未成線のルートが見えてくる
1／25000地形図「二俣」

天竜二俣駅近くにある阿蔵川橋梁跡。1972年に竣工したもので、銘板が取り付けられていた

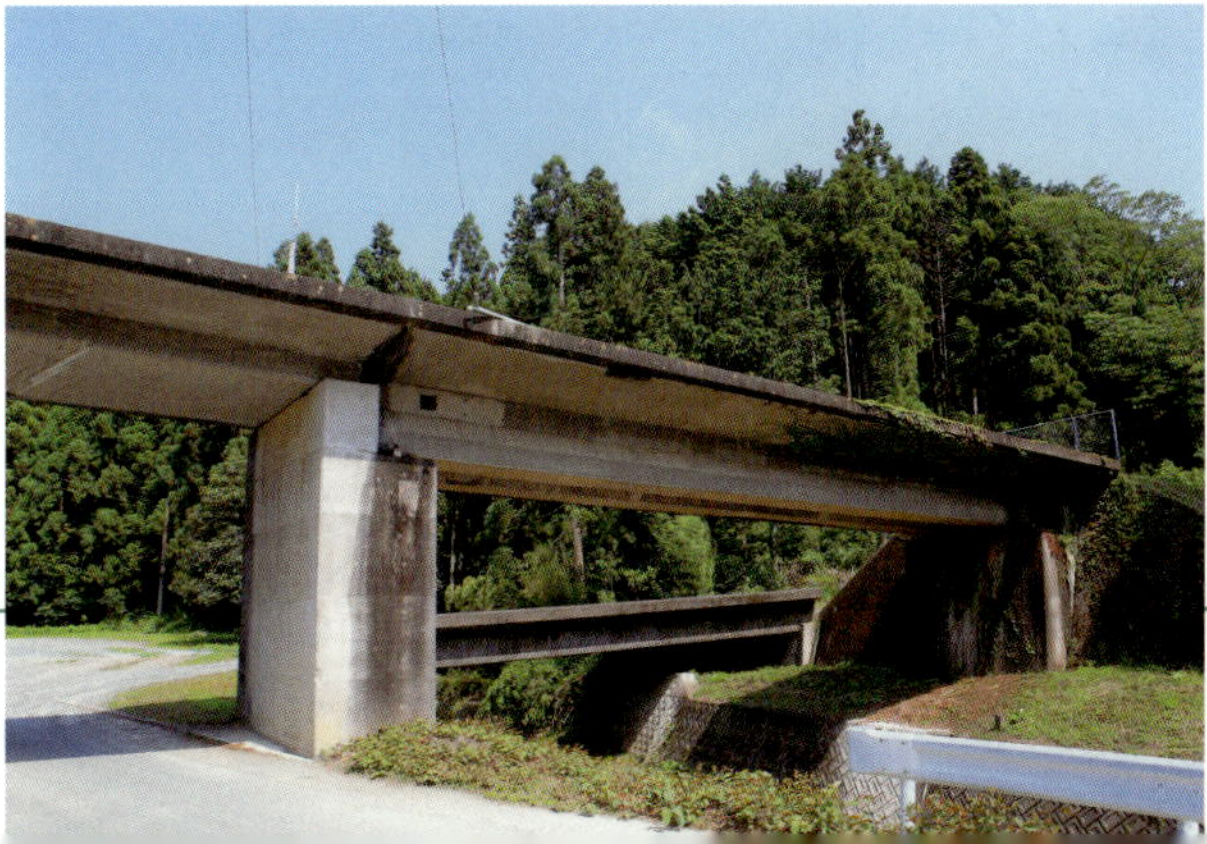

# 廃線

遠山郷を走っていた

# 遠山森林鉄道

## 南アルプス山麓の秘境・遠山郷で250両以上が木材搬出に活躍

### 軌道復活へ積極的な活動が続く

長野県の最南端、飯田市の旧南信濃村・上村地区は遠山郷《とおやまごう》と呼ばれ、南アルプス（赤石山脈）の麓に深い樹林帯が広がる秘境の里。遠山森林鉄道は天竜川の支流・遠山川ぞいにあった御料林（皇室財産の山林）を伐採するために帝室林野局（現在は林野庁に統合）が1940（昭和15）年に着工。44（昭和19）年には遠山線梨元～大沢渡《おおさわど》間、戦後の56（昭

上／遠山森林鉄道の会会長の前澤さんに偶然出会う。定期的に運転会も行っており、その保存に対する情熱に脱帽　下／大切に保存されている林鉄の機関車。野外展示で朽ち果てていたものをメンバー達がブルドーザーのエンジンでよみがえらせた

遠山森林鉄道 DATA

梨元～大沢渡間（遠山線、19.6km）
北又渡～西沢渡間（本谷線、10.9km）ほか
1944（昭和19）年　遠山線開業
1973（昭和48）年　全線廃止

おもな遺構ポイント

道の駅「梨元ていしゃば」
（貯木場跡）
本谷線跡遊歩道
トンネルと滝の沢橋
「ハイランドしらびそ」
（保存車両）

和31）年には途中の北又渡で分岐して西沢渡までの本谷線がそれぞれ完成した。

最盛期の66（昭和41）年には、ディーゼル機関車7両、モーターカー5両、人員輸送車5両に加え、貨車242両を運行し、担当職員は400人以上にのぼった。ところが、68（昭和43）年には国有林の伐採が進み、赤石林道の完成もあって森林鉄道はその役割を終える。翌年から順次軌道の撤去が始まり、民間企業が借り受けていた梨元〜中根間も73（昭和48）年には廃止。遠山森林鉄道は約30年間の運行で、姿を消した。その後、2011（平成23）年に発足した「夢をつなごう遠山森林鉄道の会」の会員により、機関車の復元整備や軌道の再敷設など、積極的な活動が行われている。

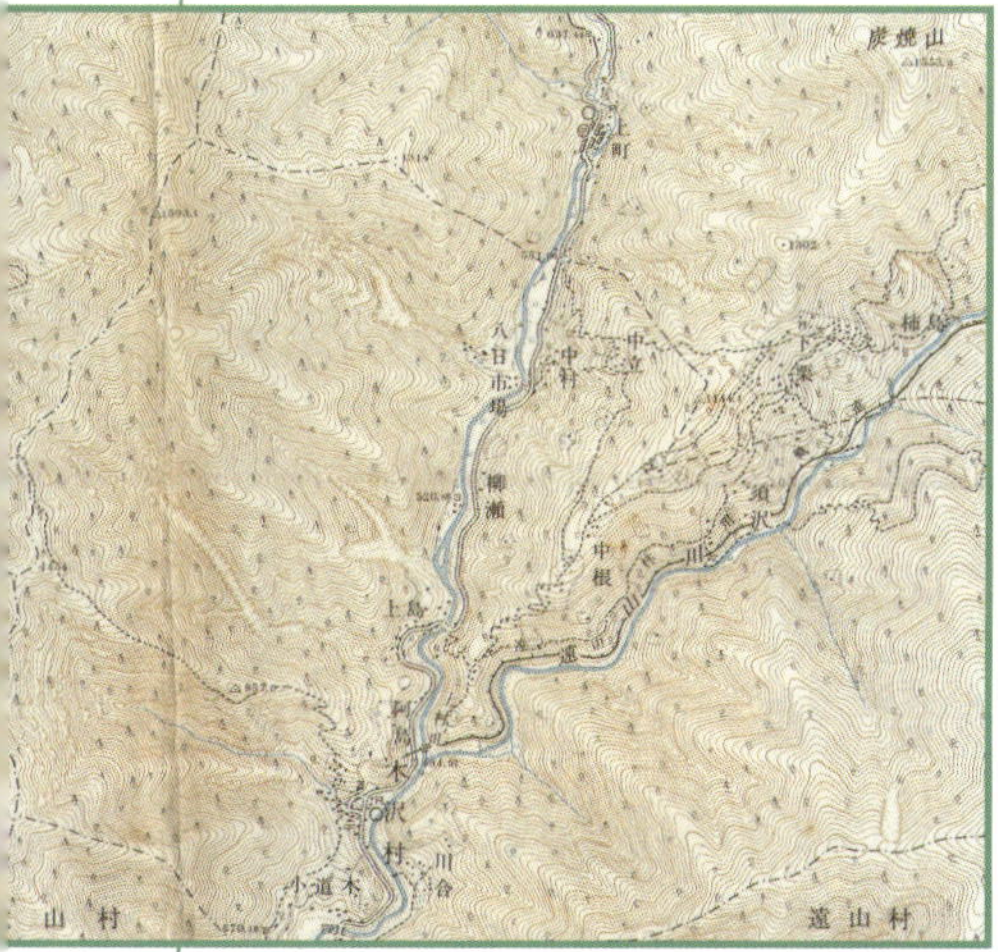


1959年
遠山森林鉄道MAP

1959年の地形図には、遠山沢川にそって山を登る森林鉄道の表記があった
1／50000地形図「時又」
昭和34年資料修正

当時使っていた木造の客車も国道ぞいに保存。現役当時は山での遭難者輸送にも活躍したという

旧木沢小学校

1932年に建てられた校舎の2階は森林鉄道の資料室があり、開放されている。基本的に年中無休で入場無料なのがうれしい

# 未成線／中津川線の物語

飯田から中津川へ

## トンネル試掘中に温泉湧出 昼神温泉の源泉に

### 高速道路開通で必要性低下

中央アルプス（木曽山脈）の南端・神坂峠（標高1569m）を越えて伊那谷と木曽谷をつなぐ道は、古くから東西交通の要路として使われた。国鉄中津川線はその道筋をたどり、飯田線飯田駅（長野県）～中央本線中津川駅（岐阜県）間に計画。1967（昭和42）年の二ツ山トンネル（1564m）を皮切りに、日本鉄道建設公団により長野県側で着工

中央道飯田山本インターそばに残る築堤は、近くの小学校へつながる専用通学路として整備されていた

中津川線 DATA

飯田～中津川間　36.7km
1920（大正9）年　計画
1989（平成元）年　計画廃止

おもな遺構ポイント

伊那中村駅予定地付近の築堤など
二ツ山トンネル
伊那山本駅予定地付近の築堤など

された。

二ツ山トンネルを含む3㎞ほどの工事はほぼ順調に進み、72（昭和47）年11月には神坂トンネル（13270m）の試掘も開始。ボーリング中に21・8度の温泉が湧き、昼神温泉郷の源泉となった。ところが73（昭和48）年4月、1348m地点で掘削機械が故障。工事は中断する。一方、並行して工事が進められていた中央自動車道の恵那山トンネル（8489m現・下り線）を含む飯田～中津川間は、75（昭和50）年に開通する。高速バスも頻繁に運行され、中津川線の必要性は低下していった。80（昭和55）年には工事が凍結、89（平成元）年以降、施設は売却されて中津川線は「幻」となった。ただし、JR東海が2013（平成25）年、リニア中央新幹線の中間駅を飯田市、中津川市に設ける計画を発表した。飯田と中津川を結ぶ夢は、リニア新幹線として〝復活〟することになった。

中津川線MAP

地形図には中津川線跡の築堤と二ツ山トンネルが表記されている
1／25000地形図「時又」平成2年修正

中津川線跡で歩行者用のミニ架道橋を観察する。付近には国鉄用地を表す「工」マークの石杭も発見した。まるで宝探しだ

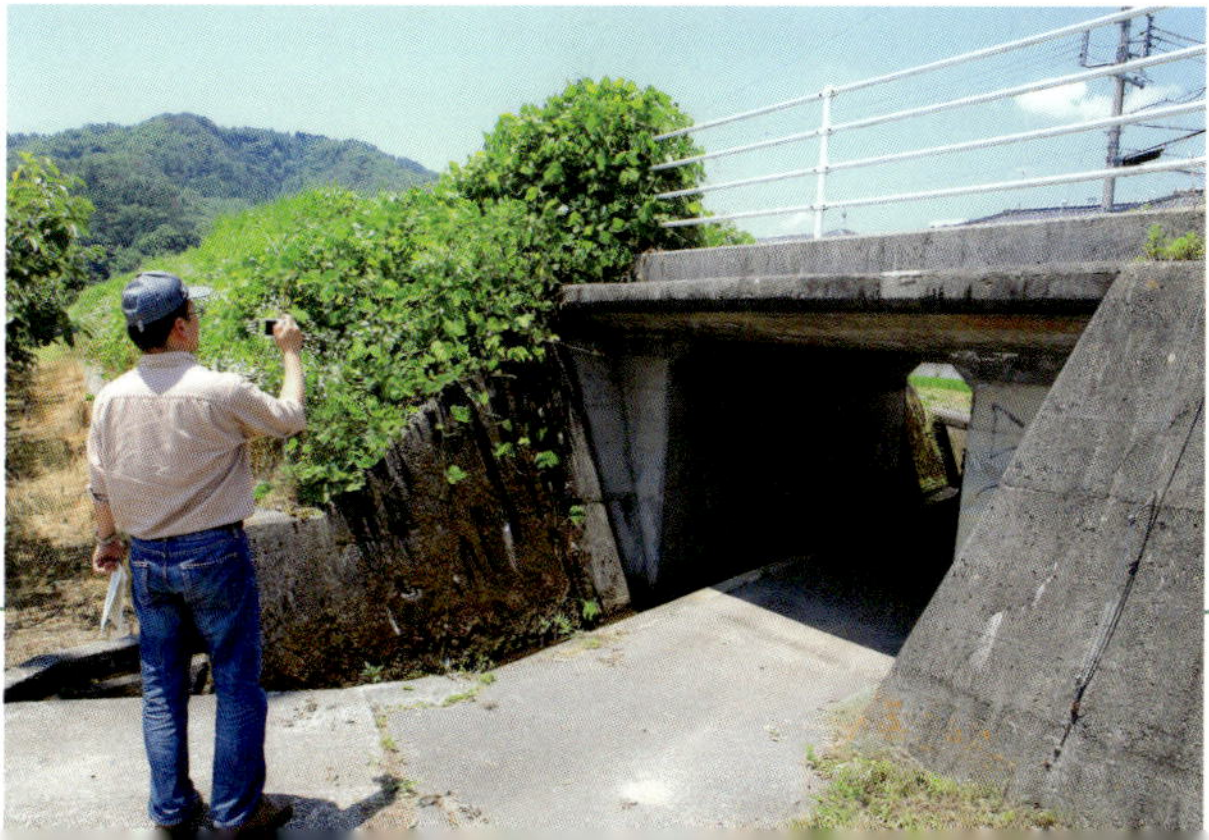

# 芸備線

## そして中国山地をゆく

内名駅、道後山駅、備後落合駅、比婆山駅（芸備線）
布原駅、備中神代駅、新郷駅（伯備線）
油木駅（木次線）

「秘境駅」訪問の第一人者で、
現在は広島県三次市に居を構える牛山隆信。
自分の庭のように熟知した濃密秘境駅エリアを
軽快なフットワークでレポート！

文 牛山隆信

撮影／目黒義浩

一日3往復しか列車の来ない道後山駅。かつてはスキー客で賑わった

## 三次の自宅を朝4時半にスタート

むせ返るような梅雨の狭間、6月14日は我々にとっては、とても長い一日であった。今回、秘境駅訪問家の私こと牛山隆信と、タビテツ読者にとっておなじみの目黒義浩カメラマンの二人が中国山地の奥地に旅立った。それではタビテツ編集部の指令を忠実に？　遂行した我々の成果を報告しよう。

ちなみに、ここ芸備線は広島県の三次《みよし》市在住である私には勝手知ったるテリトリー。自宅を早朝4時半にクルマでスタートし、ホテルから出て来た目黒氏を乗せて内名《うちな》駅へ6時前に到着。ここには川を挟んで数軒ほどの集落と駅前に人家が1軒があるのみ。さらに竹林によって外界からの視界を遮られた〝ステルス秘境駅〟である。待合室の裏から陰気臭くのぞいているのは、キノコのような屋根の大きいトイレ、もとい「便所」だ。さらにつけ加えると英文表記は「LAVATORY」である。小便器はモルタル壁流しのプリミティブな構造。失礼して大の方を覗くと、あまりの恐怖に涙を誘いかねない〝大穴〟であった。

あっ、「いい加減にしろ！」とお叱《しか》りを受けそうだから話題を変えよう。背後は竹林のため、ホームにタケノコが生

# 内名《うちな》駅

右／一番列車は早朝6時5分の下り備後落合行き　下右／ノートに記入する様子も手慣れたもの　下中／待合室のプレートには、この施設が「駅」であることを示す表示が　下左／まだ新しい駅ノート。この日、最新メッセージは牛山氏のものになった

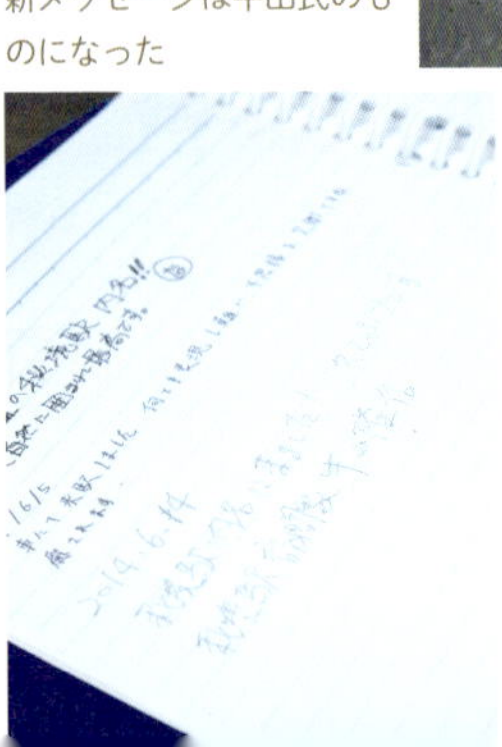

えているではないか！　だが、憎っくきイノシシが掘り返した略奪跡が生々しい。彼らは一番うまいところを人間様より先に奪い去っていく。これは生存競争の敗北を意味するのだ。ここで東京在住の目黒氏へ、「これから私と行動することは鉄道以外の近代文明を失うことです」と忠告するのであった。

## 6軒の集落、布原駅で下車

沖縄チックなネーミングの「うちなー」から7時9分発の新見行きに乗車。美しい成羽《なりわ》川の渓谷にそい、時折時速15km制限でゆっくりと進むさまは、大井川鐵道・井川線のような森林鉄道を彷彿《ほうふつ》させる。まさに秘境鉄道の真骨頂《しんこっちょう》だ。主要駅である東城《とうじょう》を過ぎても閑散としていた車内が、いきなりにぎわい始めたのは、木造駅舎の野馳《のち》駅だった。乗車してきた高校生の若さに軽く嫉妬を覚えつつ、我々は誰も降りない布原《ぬのはら》駅で下車。ほかの乗客は至って自然な反応である。ひと昔前なら、指を差されて笑われたり、ともすれば運転士にも不審者のような目で見られることもあった〝秘境駅〟という酔狂な趣味もすっかり市民権を得たようだ。

それでは往年の鉄道ファンにD51形の3重連で知られた名撮影地・布原の現在《いま》を堪能しよう。1972（昭和47）

# 布《ぬの》原《はら》駅

右／伯備線の線路は複線電化の堂々たるものだが、駅ホームは単行ディーゼルカー対応だ　下右／芸備線の時刻表だけで、伯備線のそれはない　下左／短く、そして互い違いのホームが以前はタブレット交換所だったことを伝えている

年にSLが最終運転された10年後に電化され、現在は特急「やくも」や寝台特急「サンライズ出雲」が行き交う伯備線は陰陽連絡の主要幹線になった。かつて信号場だった布原も1987（昭和62）年の国鉄分割民営化を機に正式な駅に昇格している。だが、時刻表で伯備線のページを開いても普通を含めて全列車が通過している。実は我々が乗って来たように、備中神代～新見間に乗り入れる芸備線の列車だけが停車するのだ。その数は下りは5本、上りは6本に過ぎない。周囲を調査していると、ひとりのお爺さんが通りかかった。この集落は6軒だが、駅の利用者は自動車免許をもたない人だけ。ほとんどが隣の新見までの利用だが、すぐに街へ出られるので便利だという。時刻表のなかでは冷遇されている運用形態だが、利用者にとっては問題ないらしい。もっとも信号場時代に通票を収受していた土台を延長しただけの短いホームでは、1両だけの気動車しか対応できまい。

## 新郷駅の歌を2人で熱唱！

列車本数が少ないことは旅人にとって試練だ。他の交通手段がなければ待つか歩くかの二択を迫られる。時刻は9時を回ったばかりで、次の列車は13時06分。4時間という

# 備《び》中《ちゅう》神《こう》代《じろ》駅

上右／布原から備中神代まで歩く。道路は線路より大きく迂回しているが、途中に伯備線の踏切と黒滝山トンネル（長さ205m）が現れた　上左／トイレの洗面台は中央の石柱の上に石鹸が置かれていた　下／伯備線と芸備線が分岐する山中のターミナル駅、備中神代。中央のホームは伯備線で、架線のない左端が芸備線だ

「待ち」は時間の浪費にほかならない。さあ、隣の備中神代へ向けて駅間歩きを始めよう。線路なら２・５㎞だが、道路は大きく迂回しており４㎞あまりある。

眼下に谷間の駅を俯瞰《ふかん》しながら黙々と歩く。蒸し暑い山道で頭に掻く汗は蒸気と化す。遅々とした歩みになったクランク棒（足）とともに急勾配に挑むＳＬの心境だ。ここは阿哲峡《あてつきょう》という風光明媚《ふうこうめいび》な景観で知られる旧国道１８２号である。ひんやりとした風が通り抜ける素掘りのトンネルをくぐる。モルタルを吹きつけただけの凸凹の表面には鍾乳洞のような白い石筍《せきじゅん》ができていた。あとは下り一方で軽快に歩みを進めて備中神代駅に到着。１５９・１㎞におよぶ芸備線の「０キロポスト」をもつ起点の駅だ。だが人家が十数軒ほどの静かな集落に人通りは少ない。しかし、何の変哲もないただの田舎駅と言って馬鹿にしたら祟《たた》りが起こるだろう。なぜなら恐怖ミステリー映画「八つ墓村」のロケ地であり、舞台となった現場に相違ないからだ。古い木造駅舎は取り壊されてしまったが、入り口の車寄せだけが申し訳けなさそうに残されている。きっと祟りを恐れて残したに違いない。

備中神代を11時28分に出る伯備線の下り列車に乗ろうとして、一瞬、目を疑った。なんと芸備線のような１両だけ

## 新《にい》郷《ざと》駅

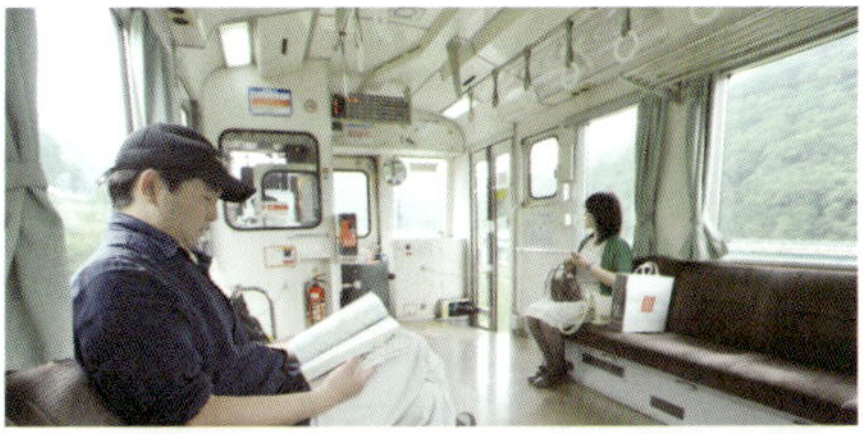

上／単行ロングシートのキハ120形にゆられて新郷駅へ。電化区間の伯備線に1日2往復のみの気動車列車にあたるのは、ある意味ツイている　下／長い対面ホームそれぞれに待合室のある贅沢（？）な造り

山間を縫う細いレールを
時折、時速15km制限で走る。

内名駅を発車する昼の下り列車443D

のキハ120形がやって来たからだ。それでも正面のサボには米子の文字が見える。これはお昼の閑散期にコストダウンを図ったためか？　時刻表を見ると新見～米子間にたった2往復だけの気動車が運行されており、それが偶然にも当たったようだ。期せずしていわゆる〝架線下ディーゼルカー〟へ乗車して新郷《にいざと》駅で下車。鳥取県境に近い岡山県最後の駅だけに周囲は山深く、人家は3軒ほどしか見えない。それでも駅は貨物列車のような長い編成の交換ができる側線を持ち、長い対面式ホームの双方に待合室を備える。人っ子ひとり通らない駅に何とまあ贅沢なこと！　さらに、「新郷駅30周年記念碑」に加えて新郷駅の歌なる碑も立っているではないか。あまりの暑さを紛らわせるために、目黒氏と一緒に架空のメロディーで歌ってみたが、かえってめまいを覚えたうえに、のどが渇いた。だがここは秘境駅である。コンビニはおろか自動販売機などという近代文明とは無縁の世界なのだ。半ばやけくそになって2リットルのペットボトルに入れた生ぬるい水をがぶ飲みするしかなかった。

## かつてのゲレンデ駅は今……

大人げなくはしゃいでしまった新郷から12時35分の列車

# 道《どう》後《ご》山《やま》駅

右／早朝・日中・夜間と1日3往復しか列車が停車しない道後山駅。木造モルタル造りの駅舎はもちろん無人駅だ　下右／2011年に廃業した道後山駅に近い高尾原スキー場の看板。道後山駅にはかつては広島駅などからスキー列車が直通した　下左／筆者が指差す向こうに高尾原《こうおばら》スキー場のゲレンデが広がっていた。現在はリフトも撤去されている

で備中神代に戻り、13時10分の芸備線に乗り換え、早朝クルマを置いた内名で下車。1日3往復という本数の少なさに辟易《へきえき》してクルマに逃げ込んでしまった。言い訳になってしまうが、すばらしい芸備線の駅をもうひとつ紹介したいからである。山間の細道を右に左に忙しくハンドルを切りながら道後山駅へ到着。かつて駅前はスキーのゲレンデであった……が、すでに廃業して久しく、草むした斜面と廃墟のロッジがあるだけ。やはりスキー人口の減少と地球温暖化とモータリゼーションの三重苦には耐えられなかったか？　そんな我々もクルマで来ておきながら調子の良いことを言っている(反省)。線路の反対側に回り込むと古い木造駅舎が出迎えてくれた。モルタル造りの珍しい様式で、なかなか洒落《しゃれ》ている。待合室には往年の木製ベンチ（由緒正しき駅の椅子）までである。外された古い駅名板も大切なオブジェとなっていた。あまりにも素晴らしい駅の雰囲気と芸備線のなかで最も高い標高611ｍにそよぐ高原の風に気分も上々！　次の秘境鉄道を求めてクルマを走らせた。

## 近くの大きな小学校も休校中

次に広島県最北端の木次《きすき》線・油木駅へ行くことにした。ところが、備後落合を14時44分発の列車に乗る予定が、道後

# 油木《ゆき》駅

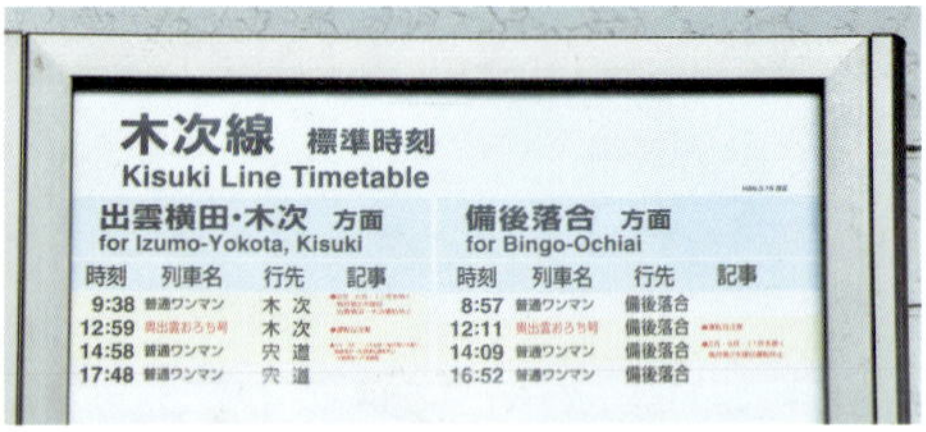

右上／備後落合から続く盆地の中に位置する木次線油木駅。1日3往復と、季節運行のトロッコ列車「奥出雲おろち号」が停車するのみ。かつては木材の搬出でにぎわった　右下／かつては1面2線だったが、現在はホームの向こう側のレールが撤去されている　上／油木駅前の簡易郵便局前で、地元の人に駅について話を聞いた

山駅で遊び過ぎて乗りそびれてしまった。何とも情けないが、こうなったらクルマで直行しよう。国道183号を備後落合の先から国道313号へ入って油木駅に到着。周囲に見える人家は10軒ほどだが、駅前には商店がある。木造駅舎は失われて久しいが、シンボルツリーとおぼしき大きな杉が2本あった。ホームに往年のタブレット収受器の支柱跡を発見。おそらく急行「ちどり」が通過の際に使ったのだろう。さらに、待合室には青地に白文字で書かれた古めかしい駅名標が掲げられていた。思わず、「ゆ、ゆ、ゆきりん……」と、いい歳してときめいてしまいそうな可愛らしさだ。

　またしても大人げなくはしゃいでしまったが、その様子を駅前の商店の人に一部始終を見られてしまった。少しでも恥ずかしさをごまかそうと、駅についてのお話をうかがった。昔は線路の枕木にする木材を積み出したそうで、たいそうにぎわったという。しかし、今や利用者はほとんどおらず、裏にある大きな小学校も1995（平成7）年から休校（実質廃校）とのこと。例に漏れず過疎化と高齢化が著しく、若者はみんな街へ出てしまったそうだ。もはや準秘境駅から濃厚な秘境駅に変化しているが、心中複雑である。

# 備《びん》後《ご》落《おち》合《あい》駅

上／芸備線と木次線が合流する備後落合駅。単式・島式2面3線ホームを有し、島式2・3番線ホームはおもに芸備線列車が使用する　右／芸備線の列車は相変わらずキハ120形のワンマン列車。運転席の後ろに運賃収受機がある　上右／路線バスはなく、2次交通はタクシー頼みだ

## 日本有数の秘境ターミナル駅

備後落合に戻ってクルマを停めた。ここは芸備線と木次線の分岐駅で、広い構内を持つ規模の大きな駅。しかし、人家は数軒ほどしか見当たらず、駅前にあった商店はすでに廃屋と化している。その昔は夜行急行「ちどり」の乗客が朝までの仮眠に使ったと伝わる「大原旅館」も満身創痍《まんしんそうい》の姿をさらす。駅も合理化のため、無人化されており、いわば日本有数の秘境ターミナル駅となっていた。

今度は予定通り17時11分発の芸備線に乗車して比婆山駅で降りた。我々を神社のように秀麗な木造駅舎が出迎える。さらに正面の駅名板は古い駅の時刻表をリサイクルしたものだが、「一・二等」の他「急行」や「準急」などの文字も読める。目黒氏とどこの駅か推理した結果、岡山駅という結論に達した。可能であるならば当時の列車に乗りたいものだ。駅前は交通量の多い国道で反対側に商店があった。ＴＡＭＯＲＩ（タモリ）という店で「ヒバゴンの里」というマークも入っている。ここは1970年ごろに「ヒバゴン」という怪獣（未確認動物）が目撃され、当時多くの人々を震撼《しんかん》させた現場であった。もっとも本当にいたかどうか真偽は不明だが、この手の話はネス湖のネッシーなど世界

# 比《ひ》婆《ば》山《やま》駅

右・下右／備後落合駅のひとつ広島寄りの比婆山駅。軒下の駅名板は1961年頃の山陽本線の時刻表が透けて見える　下左／比婆山駅には訪れた人が思い出を記すノートが整備されている

中にあって、「口裂け女」みたいな都市伝説の産物である。それはツキノワグマと間違えた可能性も否定できないが、それはそれで一身上の都合でいう「生命の危機」には違いない。

さて、時刻も18時を過ぎ、さすがに空腹になった。18時32分発の列車で備後落合へ戻り、幻のB級グルメ「おでんうどん」を味わおうと思う。駅で販売されていたのは四半世紀も前のことだが、現在は駅から1㎞あまり離れた「ドライブインおちあい」で食べることができるのだ。列車が駅に着いて、そそくさと停めていたクルマに乗り込んだ。山深いこの地は夕暮れも早く、店の閉店時刻に間に合うかどうか危惧されたが幸い営業中であった。ところが、「おでんうどんは冬季だけです、すみません」と言われ、数秒ほど目がテンになってしまった。幸い通常のメニューはあったので、無事に腹ごしらえはできたことを報告する。こうして我々は、長くもあっという間の一日をトコトン楽しんだ。

今回の中国山地・秘境鉄道の旅は、あまりに本数が少ないために駅間を歩いたり、クルマを併用したりしたが、だからこそたくさんの個性的な秘境駅を堪能することができた。やはり何もない秘境こそ新たな何かを発見する余地が残されており、心から満足できる旅になると思う今日このごろである。

（取材　２０１４年６月）

1日数本の列車しか止まらない秘境駅めぐりを堪能した筆者。秘境駅には気動車がよく似合う

# 都心から1時間で行けるお手軽秘境駅

"秘境駅"と聞くと都心部からは遠く離れた場所にあり、そう簡単には訪問できないというイメージをもちがちだが、都心部から1時間ほどで行ける秘境駅は意外にある。手軽に訪れられる秘境駅は都会に住む秘境駅ファンには必見だ。

京都発

## もたて山《やま》駅

滋賀県／比叡山鉄道

### 乗降には事前連絡が必要

国の登録有形文化財のケーブル坂本とケーブル延暦寺《えんりゃくじ》間を結び、"坂本ケーブル"として知られる比叡山《ひえいざん》鉄道。全長2025mと日本最長の長さを誇るこの路線には、ケーブルカーとしては珍しい二つの途中駅がある。その一つ、もたて山は比叡山の山中、333‰《パーミル》の急勾配中にあり、あたりはスギやヒノキなどの

もたて山駅 DATA

所在地：滋賀県大津市坂本本町　開業年：1949（昭和24）年

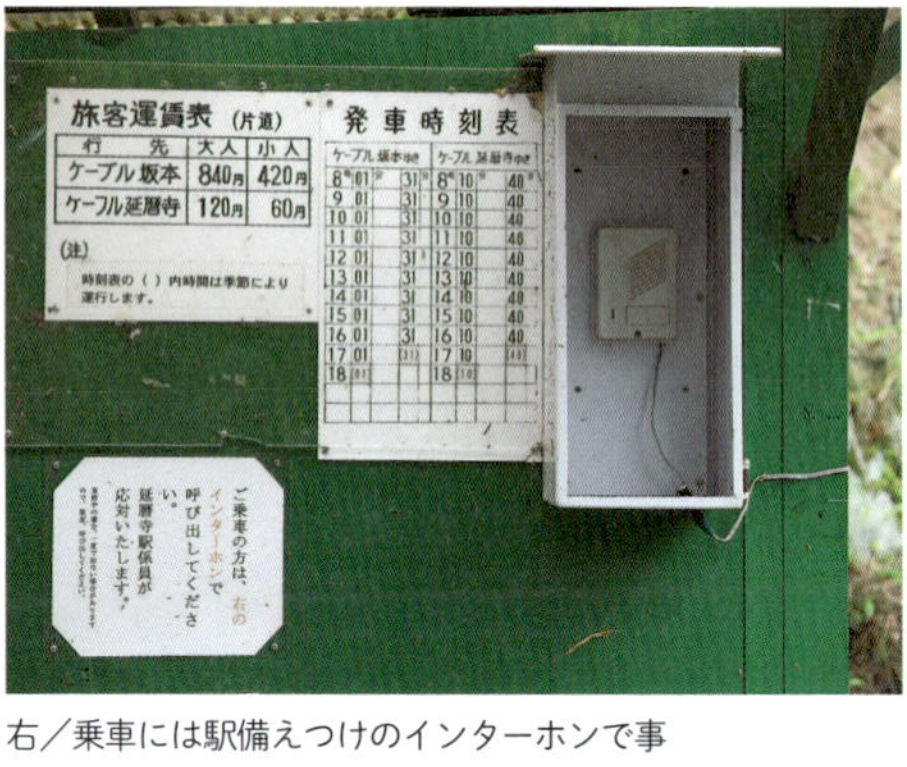


右／乗車には駅備えつけのインターホンで事前に係員に連絡する（撮影／牧野和人）　左／333‰の急勾配上にあるホームは板張りで、滑り止め用の木材がついているだけの簡素な構造だ（撮影／牧野和人）

針葉樹林に囲まれ民家なども皆無の秘境駅だ。ホームも板張りの簡素なもので、秘境ムードを一層引き立てている。

　もたて山駅を訪れる際に注意しておきたいのは、事前に降車することを申告しておかないと通過してしまうこと。乗車前に係員に「もたて山で降りる」と忘れずに伝えておきたい。もたて山から乗車する場合も備えつけのインターホンであらかじめ乗車することを連絡しておこう。

もたて山駅までの所要時間

京都から約54分（京都―〈JR湖西線「新快速」で約14分〉―比叡山坂本＝〈バスで約7分〉＝ケーブル坂本―〈坂本ケーブルで約9分〉―もたて山）

都心から
1時間で行ける
お手軽秘境駅

名古屋発

# 古《こ》虎《こ》渓《けい》駅

岐阜県／JR中央本線

## 旧線跡散策も併せて訪れたい

名古屋のベッドタウンとして知られる岐阜県多治見《たじみ》市内にあり、名古屋駅からも約30kmの通勤圏内にある古虎渓は駅の両端がトンネルに挟まれて、周囲は土岐《とき》川と緑豊かな山林に囲まれた秘境駅。近くには新興住宅地があり、1日あたりの乗降者数は少なくないが、駅周辺に民家はなく雰囲気は十分だ。名古屋からは中

古虎渓駅 DATA

所在地：岐阜県多治見市諏訪町神田　開業年：1952（昭和27）年　1日平均の乗車人員：416人（2013年度）

左／土岐川ぞいにある古虎渓駅。（撮影／牧野和人）　右／古虎渓駅を通過する上り快速列車。ホームは最長で10両編成の列車が停車するため、長くつくられている。（撮影／牧野和人）

央本線の普通列車で約40分、快速列車は通過するが日中でも1時間に2本の普通列車が停車するためアクセスもしやすい。1940（昭和15）年に池田信号場として開設し、仮乗降場への昇格を経て52（昭和27）年に駅となり、名称も古虎渓に改められている。駅周辺には66（昭和41）年に複線電化された際に廃線となった旧線跡の愛岐トンネル群があり、旧線跡歩きも併せて楽しみたい。

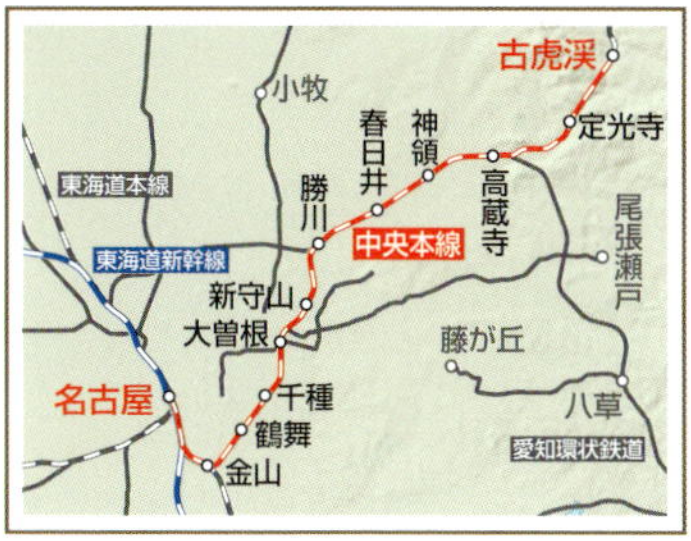


古虎渓駅までの所要時間

名古屋から約40分（名古屋―〈JR中央本線で約40分〉―古虎渓）

※以下、カッコ内の時分はいずれも列車などの待ち時間含まず

都心から
1時間で行ける
お手軽秘境駅

大阪／京都
発

# 保《ほ》津《づ》峡《きょう》駅

京都府／JR嵯峨野線

## 保津川上に架かり ホーム両端がトンネルに挟まれた駅

駅周辺に民家はなく、あたりは山に囲まれ、ホームの両端はトンネルに挟まれている。また、ホームは保津川（桂川）に架けられた橋梁上にあり、眼下には保津峡の渓谷美が広がる。京都駅から嵯峨《さが》野《の》線（山陰本線）の普通列車で20分ほど、大阪からもJR京都線の新快速を乗り

保津峡駅 DATA

所在地：京都府亀岡市保津町保津山　開業年：1936（昭和11）年　1日平均の利用者数：404人（2015年度）

上／旧保津峡駅のトロッコ保津峡駅へは徒歩15分ほど（撮影／佐々倉実）　下／ホームには小さな待合所が設置されている　左／保津川を跨ぐように架けられた保津峡駅

継いで1時間ほどと都市部からも近く、停車する列車本数も多いお手軽秘境駅だ。

もとは信号場として開設されたが、1922（大正11）年に保津峡駅として開業。現在の保津峡駅は嵯峨野線の嵯峨（現・嵯峨嵐山《あらしやま》）～馬堀《うまほり》間の複線化にともなう新線切り替えの際に営業を開始した。旧保津峡駅は現在の駅から北東へ直線距離で約500m離れたところにあり、旧線の廃線跡を利用した嵯峨野観光鉄道のトロッコ保津峡駅として営業している。

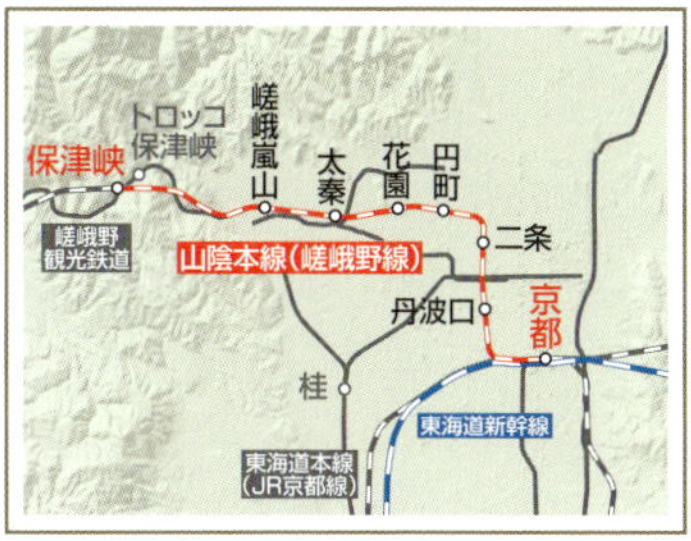


保津峡駅までの所要時間

京都から約20分・大阪から約56分（大阪―〈JR京都線「新快速」で約28分〉―京都―（嵯峨野線で約20分）―保津峡）

都心から1時間で行けるお手軽秘境駅

東京・立川 発

# 白《しろ》丸《まる》駅

東京都／JR青梅線

## 雰囲気十分！東京都内にある秘境駅

青梅線の終着駅・奥多摩の一つ隣にある白丸駅は、単線に4両分の短いホームが1面だけの棒線駅。駅周辺には民家と小道はあるものの、目前には草木の緑が迫り、東京都内とは思えない景色が広がる。無人駅でホームには駅名を思わせる白い半球状の待合室と自動券売機、簡易

白丸駅 DATA

所在地：東京都奥多摩町白丸
開業年：1944（昭和19）年
1日平均の乗降者数：74人（2010年度）

上／奥多摩寄りのホーム端にはトンネルが口を開け、秘境駅ムードが漂う　左／単線に片面ホームだけの白丸駅

Ｓｕｉｃａ改札機のみ設置されている。駅の近隣には多摩川のダム湖である白丸湖や、江戸時代に人力で大岩盤を開削してつくられた「数馬《かずま》の石門」などの名所もあり、白丸駅と併せて訪れたい。東京や新宿からは中央快速線と青梅線の電車を乗り継いで2時間ほどかかるが、東京近郊のターミナル・立川からは約1時間で到達できる。立川周辺の都会の風景から住宅街、そして山間部へと移り変わる青梅線の車窓にも注目だ。

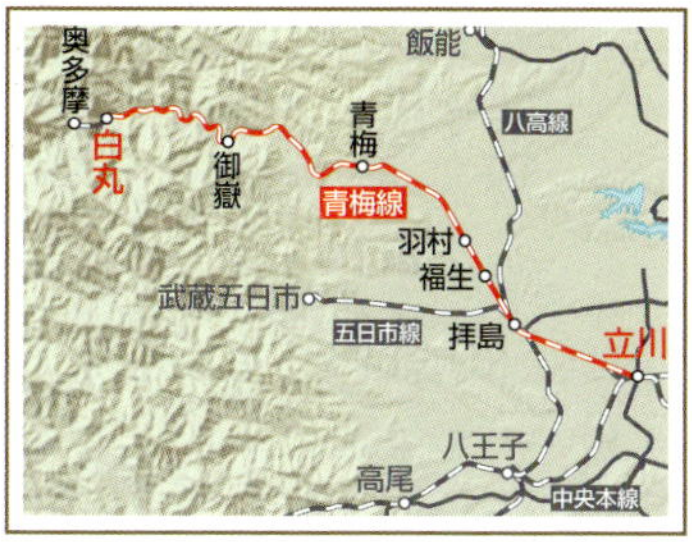


白丸駅までの所要時間

立川から約63分・大阪から約109分 （東京—〈JR中央快速線「特別快速」で約39分〉—立川—〈JR青梅線で約33分〉—青梅—〈JR青梅線で約30分〉—白丸）

※以下、カッコ内の時分はいずれも列車などの待ち時間含まず

とうとう最後の夏となった
秘境路線を見に行く。

# 最後の三江線

来年3月に廃止が決まってしまった秘境の路線がある。
島根県江津《ごうつ》市と広島県三次《みよし》市を結ぶ、
全長108kmの三江線だ。
戦前から戦後にかけて江《ごう》の川ぞいに延伸していた
三江北線と南線とを1975(昭和50)年につなげて
全線開通となったローカル線だ。
乗降客数がゼロという駅が点在するこの路線を、
久しぶりに訪れた。

文・撮影／坪内政美

1面1線の無人駅で、1956（昭和31）年7月に三江南線の駅として開業した経緯をもつ。1日の乗降客数は0人（2007年）と公表されており、文字どおりの秘境駅だ。ホームは途中で取り外され、江津寄りは立ち入りが制限されている。

# 信《のぶ》木《き》駅

## 牛山氏と語らい、そして秘境駅長谷へ

空梅雨《からつゆ》の夕方、三次市在住の秘境駅訪問家・牛山隆信氏と12年ぶりに三次駅前で再会した。事前に三江線の秘境駅情報を聞いておきたかったからだ。駅前にある居酒屋でまずは三江線の話で盛り上がる。牛山氏にって三江線は秘境駅訪問家としてのルーツといえる路線。小学5年生のときに全線乗車したという思い出話から、地元民として沿線の変遷を時代とともに見守り続けてきた今の熱い思いまで、ただただ聞き入るばかりだった。1時間のつもりが3時間あまり話しこんでしまった。

翌日、三次駅を起点にまずは牛山氏一押しの駅を列車でめぐることにする。高校生のころに乗って以来で実に24年ぶり。改めて訪れた三次駅は、かつての無骨なコンクリートの建物は失われ、現代的な明るい駅としてコンパクトかつスタイリッシュな雰囲気さえ漂っていた。当時、ホームには「三江線ホーム」と書かれた0番線があり、その字づらと響きにしびれたものだ。懐かしい青春時代をふと思い出し、午前5時38分の始発列車に乗り込

小さな待合室やレトロな自転車置き場がロータリーの中心に据えられた独特な配置をしている船佐駅。駅のある江の川の対岸には、米軍が攻撃目標とした江の川発電所跡があり、車窓から見られる。

# 船《ふな》佐《さ》駅

んだ。

　三次を出ると、列車は市街地を見下ろしながら進み、しばらくすると江の川が視界に飛び込んでくる。中国地方最長の一級河川だ。この川とともに鉄路は、山間部を縫うように進んでいく。最初にめざしたのは、6駅先の信木。石州瓦《せきしゅうがわら》のベンガラ色の屋根が印象的な小集落からやや離れたところにある駅だ。降り立つと、ゆうに5両は入る長いホームがあり、その向こうには線路と並行して流れる江の川が展望できる。足元をよく見ると、途中でホームが途切れている。朽ちてしまった部分があり、分断されていたのだ。なんと哀愁漂うホームなのだろう。あたりには少し肌寒い風がホームを吹き抜け、これから修復されることなく、このまま廃線の日を迎えるのかと思うと、しんみりした気分になってきた。対岸の山の緑を眺めながら、静けさの中にぼんやりと身を投じていた。

　1時間ほどして今度は三次行きの列車に乗り、2駅戻った船佐で下車した。1945（昭和20）年5月5日早朝、この付近一帯は米軍機B29の爆撃にあった中国山地で唯一の場所だ。付近にあっ

# 長《なが》谷《たに》駅

1944年4月に仮乗乗降場として開設された長谷駅。三次市内への通学を目的とした開設であったため、当初は時刻表にも掲載されていなかった。国鉄民営化となった87年に駅へ昇格したものの、下りが2本、上り3本以外は通過する。

た「江の川発電所」が攻撃対象になったといい、船佐駅前の民家も爆撃され、7人の尊い命が犠牲となった。ひっそりたたずむ片面ホームの民家脇にはその証がある。悲しい過去をもつ船佐駅からは徒歩で一つ隣の長谷駅へ。この路線随一の秘境駅といわれる長谷へは約2・2㎞、40分ほどでたどり着ける。生活道路から20段あまりの階段を登った築堤上にある片面ホームと雰囲気のいい木造の待合室。牛山氏によると、子どもたちが通学で利用する駅のため、教育委員会と集落の人たちで手づくりしたもの。もともとは仮乗降場として時刻表にも掲載されていなかった経緯をもつという。次の列車までまだ時間があるので待合室に入っていすに腰かけてみると、時を止めているかのように木の香りが私を包みこみ、静かな川の流れる音だけが聞こえてくるのだった。

　始発に乗った際はいつの間にか通過してしまった長谷駅。普通列車もその大半が通過してしまうこの駅こそ秘境駅と今、注目されるゆえんなのかもしれない。9時6分。この駅からは上りの最終となる列車に乗っていったん三次へ引き返す。

上路式ワーレントラス橋の第三江川橋梁を渡る2両編成のキハ120形。伊賀和志〜宇都井間

# 江《ごう》津《つ》本《ほん》町《まち》駅

江津の市街地からトンネルをくぐった江の川ぞいに、そばの県道と同レベルに待合室を有する1面1線の無人駅。乗降客数は2006（平成18）年から0人が続いている。ホームからトンネルを抜ける列車が撮影できる。

## 424・426D列車は三江線の観光列車？

１０８㎞というロングランに備え、三次で食料を買い込み、ふたたび10時２分発の２両編成の石《いわ》見《み》川本行き列車に乗りこむと、車内は早朝とはうって変わり、ほぼ満員だった。乗客は、廃線と聞き訪れたと思われる団体や個人客ばかり。そう、この列車こそ、三江線めぐりには最適であることをみな知っているのだ。

にぎわう車内。ゴトンゴトンと心地よく揺られながら、時速15〜30㎞ほどで川岸にへばりつくように恐る恐る走ってゆく三江線だが、時折見せるダイナミックな景色こそ、三江線の醍醐味《だいごみ》である。しかし、口羽《くちば》を過ぎるとその走りが一変する。口羽から浜原《はまはら》までは、75（昭和50）年に新設された線路のため、高架、鉄橋、トンネルが続き、地形を無視するように中国山地をぐんぐんと駆け抜けていく。それを象徴するのが〝天空の駅〟として知られる宇都井駅である。地上20ｍ、１１６段の階段でのみたどり着ける駅だ。わずかな停車時間

三江北線の駅として1958年に開設された。民家の目の前にホームがあり、その立地がユニークであるが、乗降客数は0人（2014年）となってしまったため、社会実験で運行されていたバスも立ち寄りもしなかったというエピソードをもつ。

# 千《ち》金《がね》駅

だが、ベンガラ色の民家の屋根と青々とした田んぼが眼下に広がる。谷間に望む絶景の集落の人々を支えてきた駅だ。ぜひ降りて地上から見たいところだが、1日4往復という便の少なさに下車は見送る。そうして車内から石見松原、浜原、野井《のい》仮乗降場跡、石見簗瀬《やなせ》、竹《たけ》と珠玉の名駅たちを確認しながら12時18分、この列車の終点・石見川本駅に到着した。次の江津行き列車は13時45分発。同じ車両が充当されるが、乗客は全員車両から降ろされてディーゼルエンジンもいったん切られる。乗客も車両もしばし休息。この停車時間で買い込んだ食料を食べてしまおうかと思いきや、駅に降り立つなり、鮮やかな青い法被姿の男たちに取り囲まれ、駅周辺の地図を手渡された。

「次の江津行きの列車までの待ち時間を楽しめる情報がいっぱいありますよ」と声をかけられる。地元の観光協会が中心となり、駅前の空き店舗を観光案内所兼無料休憩所として開放しているのだ。そこでは、特産の「えごま茶」をふるまってくれた。「三江線廃止まであと〜日」。カウントダウンの看板はやけに前向きな雰囲気で、なくなってい

三江線のランドマークとして、多くの訪問者が訪れるが、ほとんどはクルマで訪れるとか？ 開業は1975年の全線開通時。一時は15分の臨時停車を行っていた列車もあったという。ライトアップイベントも行われ、町起こしの動きが活発である。

# 宇《う》都《づ》井《い》駅

く路線をきっかけに地域へ足を運ぶ観光客を歓迎していた。「さみしいですけど、もう決まってしまったので。いざなくなってしまうとどうなるのでしょうかね」と話す観光協会の女性。協議会とともに、存続への道を模索したものの、結局廃止の決定を受け入れるしかないのだ。

「廃止になると決まったとたんに、乗客数が何倍にも増えるなんて。なんというか……」

秘境といわれるローカル線の切ない現実を感じながら、無料貸し出しの自転車で駅前周辺の飲食店や地元密着の商店などを探検。有意義な川本ステイを満喫した。

13時45分、４２６Ｄとなった江津行きの列車が発車した。運転士も乗客も、ほぼ先ほどと同じ顔ぶれで、私も同じ席に座る。再び江の川の絶景を確認するかのように、ゆっくりと列車は緑の中を進んでいく。そして、終点間近の江津本町に降り立った。駅名とは裏腹に、町っぽい様子は一切なく、目の前には豊かな水量を蓄える江の川。ここもまた、牛山氏の勧める秘境の駅だけあって、人の気配はなく、青アジサイと水の流れる音に迎え

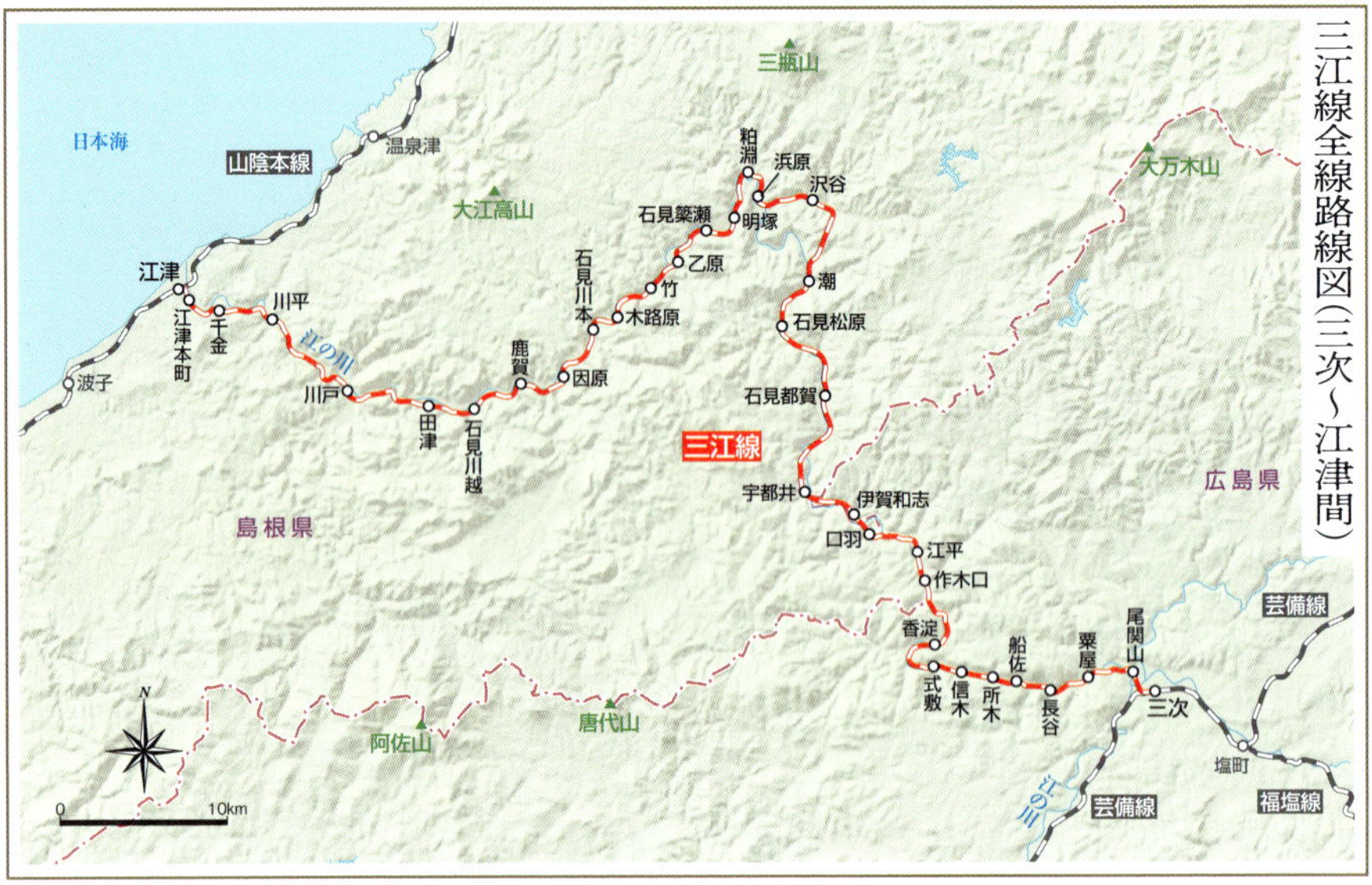


三江線 DATA

開業年：1930（昭和5）年
全通年：1975（昭和50）年
起終点：江津／三次　営業距離：108.1km　駅数：35駅

三江線秘境駅探訪ルート　三次5:38→（三江線422D）→6:06信木7:06→（三江線421D）→7:14船佐7:40頃→（徒歩移動）→8:20頃長谷9:06→（三江線423D）→9:21三次10:02→（三江線424D）→12:18石見川本13:45→（三江線426D）→14:51江津本町15:17→（三江線429D）→15:23千金18:49→（三江線430D）→18:57江津19:08→（三江線435D）→20:57浜原→（タクシー）→潮

られたのみだった。

30分ばかりすると、江津折り返しの同じ車両がやってきた。ここまで来たらもうひと駅、さらなる秘境の駅、千金へ向かうことにした。15時23分、小さなホームとレンガ造りが特徴の駅に到着。すぐ裏に民家が1軒あるのみで、一面の田んぼと岩が切り出された向き出しの山肌を望むばかり。カエルの合唱を聞きながら、次の江津行きまでなんと3時間半の待ちぼうけ。空はしだいに色を変え、辺りを夕焼け色に染めたころ、列車はやってきた。18時57分、江津駅に到着。ついに三江線完全乗車を成し遂げたものの、「そうだ、今夜は路線を一望できるという潮《うしお》駅近くの温泉宿に泊まってみよう。そして明日改めて、この高ぶる気持ちとともに宇都井駅に降り立ち、〝天空の駅〟で心ゆくまで秘境感を味わってやろう」と、そこには、ますます秘境に魅せられている自分がいることに気づいた。

（取材　2017年6月）

編集
真柄智充（天夢人）

ブックデザイン
天池 聖（drnco.）

校閲
武田元秀（天夢人）

執筆
牛山隆信
栗原 景
谷口礼子
伊原 薫
小倉沙耶
植村 誠
伊藤 桃
今尾恵介
坪内政美
編集部

写真・資料協力
松尾 諭
金盛正樹
丸山裕二
坪内政美
目黒義浩
牧野和人
佐々倉実
牛山隆信

本書は『旅と鉄道』（天夢人発行）の2012年11月号、2014年9月号、2015年9月号、2017年9月号より抜粋し、再編集したものです。一部写真ならびに文章において、現在と景観や状況が経年変化している駅、スポットがありますのでご留意ください。

旅鉄BOOKS 007

# 秘境駅の謎

## なぜそこに駅がある!?

2018年3月26日 初版第1刷発行

編 者 「旅と鉄道」編集部
発行人 芦原 伸
発 行 株式会社天夢人
〒107-0052 東京都港区赤坂6-6-24 3F
http://temjin-g.com
発 売 株式会社山と溪谷社
〒101-0051 東京都千代田区神田神保町1-105
印刷・製本 大日本印刷株式会社

●内容に関するお問合せ先
天夢人 電話03-6413-8755

●乱丁・落丁のお問合せ先
山と溪谷社自動応答サービス 電話03-6837-5018
受付時間 10時-12時、13時-17時30分（土日、祝祭日除く）

●書店・取次からのお問合せ先
山と溪谷社受注センター 電話03-6744-1919 FAX03-6744-1927


ISBN978-4-635-82042-4